Arena-Taschenbuch
Band 1468

Diese phantasievolle, teilweise skurrile Geschichte, die in manchen Phasen zu einem spannenden Krimi wird, erzählt Erika Ertl kurzweilig und locker. Sie greift darin Probleme auf, wie sie den Mädchen ab 11 Jahren, für die diese Erzählung gedacht ist, nicht fremd sind. Vorurteile der Eltern gegen Freundschaften, Unterschiede in den Ansichten von Eltern und Kindern beschäftigen die jungen Mädchen in diesem Alter.

Darmstädter Echo

Erika Ertl

Eine unglaubliche Geschichte
von Anna selbst erzählt

Arena

Für Nina,
Barbara, Katharina
und Céline

CIP-Kurztitelaufnahme der Deutschen Bibliothek

Ertl, Erika:
Eine unglaubliche Geschichte: von Anna selbst erzählt / Erika Ertl.
– 1. Aufl. – Würzburg: Arena, 1984.
(Arena-Taschenbuch; Bd. 1468)
ISBN 3-401-01468-4
NE: GT

1. Auflage als Arena-Taschenbuch 1984
© 1982 by Arena-Verlag Georg Popp, Würzburg
Alle Rechte vorbehalten
Umschlaggestaltung unter Wiederverwendung des Motivs
des Schutzumschlags von Cornelia Lang: Grafisches Atelier Arena
Lektorat: Rita Harenski
Gesamtherstellung: Richterdruck Würzburg
ISSN 0518-4002
ISBN 3-401-01468-4

Erstes Kapitel
einer unglaublichen Geschichte,
die eigentlich keinen Anfang hat,
aber irgendwann mit Anna,
Bärbel und Alicia beginnt.

Bevor diese irre Geschichte passiert war, hatte ich manchmal das Gefühl, daß Mutti mich nicht richtig mag. Ich meine damit nicht, daß sie nicht gut für mich sorgt. Nein, schließlich kocht sie mir ab und zu eine meiner Leibspeisen, sie gibt mir morgens ein Brot für die Schule mit, ich habe immer was zum Anziehen, und wenn ich meinen Turndress brauche, dann liegt der frisch gewaschen im Schrank. Das ist schon alles in Ordnung so. Aber ich kann mich nicht erinnern, daß sie mal länger mit mir gespielt hätte, auch nicht, als ich noch klein war, oder daß sie mir nach und nach ein ganzes Buch vorgelesen hätte, damals, als ich selbst noch nicht gut genug lesen konnte. Wenn wir beide etwas zusammen taten, dauerte es nie sehr lange. Für mich jedenfalls war es immer zu kurz. Dabei kennt sie viele Spiele, ich weiß das von meinen früheren Geburtstagsfeiern. Mutti hatte immer alles phantastisch organisiert, angefangen vom selbstgemalten Kärtchen als Tischdekoration, mit einer Marzipanfigur daneben, bis zum Schluß, als alle noch einen Luftballon bekamen, bevor sie nach Hause gefahren wurden. Das machte sie einfach großartig, und weil es eben so perfekt war, fragte ich mich, ob sie sich auch so viel Mühe gegeben hätte, wenn nur sie und ich allein meinen Geburtstag gefeiert hätten. Ich meine, es war eher so, als ob sie allen anderen beweisen wollte, wie toll sie mit einem Kindergeburtstag fertig wird, und daß das Ganze mit mir und meinem Geburtstag nicht viel zu tun hatte. Meine Mutter ist keine Schmuse-Mutter. Sie ist zwar für mich da, aber ich glaube, sie erwartet, daß ich auch ohne sie mit allem fertig werden kann. Wenn ich mal eine schlechte Note heimbringe, dann schimpft sie nicht, das hat sie bei solchen Gelegenheiten noch nie getan, aber sie tröstet mich auch nicht. »Das nächste Mal solltest du das besser machen«, sagt sie dann beispielsweise, »du kannst es, und wenn du willst, dann schaffst du das auch!« Und dann sitze ich mit dem »Dann-schaffst-du-das-auch« allein da und denke mir, daß es viel leichter wäre, wenn sie mich ab und zu Vokabeln abfragen würde. – Meine Mutter ist nicht berufstätig. Sie ist Hausfrau, und ihre ganze Freizeit widmet sie dem Hausfrauenclub, dessen erste Vorsitzende sie ist. Sie macht sich damit so viel Mühe und Arbeit, daß man sich fragen muß, wie der Club früher, ohne sie, überhaupt bestehen konnte, und wie es einmal weitergehen soll, wenn sie nicht mehr erste Vorsitzende ist.

Einmal habe ich im Fernsehen einen irrsinnig interessanten Film gesehen. Es ging um das Verhalten von jungen Tieren. Die Tierforscher hatten einen leeren Käfig genommen und ein frisch geschlüpftes Entenjunges zusammen mit einer großen Plastikente hineingesetzt. Die große Ente war einer richtigen Ente nicht besonders ähnlich, und die Forscher wollten sehen, ob die kleine Ente das merkt. Dann machten sie ein bißchen Krach, um das Kleine zu erschrecken. Und wie es erschrak! Immer wieder watschelte es aufgeregt zur Plastikente hin, weil es dachte, daß sie seine Mutter sei, und immer wieder drückte es sich fest an sie, um Schutz und Wärme zu suchen. Die Plastikente war zwar da, aber sie rührte sich nicht, schnatterte nicht beruhigend, und natürlich hatte sie keine Federn, um das Entenbaby zu wärmen. »Mutti, komm doch mal, das ist ein toller Film«, hatte ich gerufen. Aber Mutti hatte nur einen kurzen Blick auf den Bildschirm geworfen. »Ein Film über Tiere? Ja, sieh ihn dir nur an, das ist sicher interessant. Vielleicht kannst du das später in Biologie gebrauchen.« Und dann war sie ins Arbeitszimmer hinüber gegangen, um irgendwelche schriftlichen Arbeiten zu erledigen, die von der Vorsitzenden eines Hausfrauenclubs eben erledigt werden müssen.

Damals hatte ich mir gedacht, daß es mir manchmal auch so ähnlich geht wie dem Entenbaby – und später gab es sogar einen Augenblick, da fühlte ich mich so verlassen wie ein Entenjunges, das nicht einmal eine Plastikmutter neben sich hat.

Heute weiß ich, daß Mutti mich doch richtig mag. Jedenfalls hat sie mich viel lieber, als ich geglaubt hätte. Ich bin sehr froh, daß es so ist. Daß ich es weiß, hängt mit dieser Geschichte zusammen, die damals in allen Zeitungen stand. Die schreckliche Seite der Geschichte, meine ich jetzt. Es gibt allerdings noch eine andere, die Kümmelkorn-Geschichten-Seite nämlich, aber die kennt keiner außer meinen Eltern, Bärbel und mir. Die ist so phantastisch, unglaublich und verrückt, daß man es kaum sagen kann, und die Zeitungen hätten sie sicher nie gedruckt.

Aber nun ist ja alles vorbei, das Schreckliche genauso wie das Unglaubliche, und deshalb möchte ich jetzt erzählen, wie es wirklich war. Die Geschichte hat zwar ein Ende, aber keinen richtigen Anfang, und damit man verstehen kann, wie das alles passieren konnte, muß ich mit mir und meiner Familie beginnen.

Also, eins weiß ich bestimmt, wenn ich erwachsen bin, möchte ich mindestens sechs Kinder haben. Das einzige Kind in der Familie zu sein, ist nicht sehr lustig, und »klasse«, wie Julia zu mir gesagt hat, ist es schon gar nicht. Ich weiß, wovon ich rede, ich bin nämlich so ein einziges Kind. Ich soll in der Schule gut sein, das möchten Mutti *und* Vati. Ich soll in Sport was draufhaben, das liegt Vati am Herzen. Ich soll mich gut benehmen können, selbständig werden und im Haushalt mindestens so tüchtig werden wie sie – das ist Muttis ausdrücklicher Wunsch. Ich soll nett und freundlich sein, mich aber nicht unterbuttern lassen, ich soll fair und hilfsbereit sein, mich aber nicht ausnützen lassen, ich soll all das sein, was sich jeder von ihnen von einer Tochter wünscht, und das, was sie sich zusammen vorstellen, auch noch.

Julia hatte wahrscheinlich bloß an den Vorteil von Nicht-Teilen-Müssen gedacht, den man als einziges Kind hat. Aber ich bin sicher, daß ich auf diesen Vorteil pfeifen würde, wenn ich statt dessen Geschwister haben könnte. Julia hat keine Ahnung. Ich bin nicht direkt fest mit ihr befreundet, aber ich mag sie gut leiden, und außerdem ist Mirko ihr Bruder. Mirko ist meiner Meinung nach der allertollste Typ an unserer Schule, und jedesmal, wenn ich ihn sehe, dann wünsche ich mir – aber, na ja, das ist eben nicht so einfach. Jedenfalls ist Mirko der Beste in der Klasse, aber in Sport ist und bleibt er die reinste Null. Julia ist in Sport ein As, aber sie kriegt fast in jedem Frühjahr wegen Mathe einen blauen Brief. Und dann gibt es noch eine kleine Schwester, die sieht so goldig aus und ist auch so lieb, daß man sie ständig knuddeln könnte. Damit haben nicht nur Julias Eltern ziemliches Glück, finde ich, sondern Julia auch. Wenn es um Mathe geht, kann sie auf Mirko verweisen und ganz ruhig sagen: »Meine Stärke liegt eben woanders«, und Mirko kann umgekehrt dasselbe tun. In der Familie müssen die Kinder nicht ewig strampeln, bloß weil die Eltern sich dies und das einbilden, in dieser Familie wissen die Eltern auch, daß *ein* Kind allein nicht überall Spitze sein kann.

Meine beste Freundin Bärbel ist auch ein Einzelkind. Aber es scheint ihr viel weniger auszumachen als mir. Jedenfalls hat sie noch nie etwas darüber gesagt, daß es ihr stinkt, wenn sie für vieles, was zu Hause schief läuft, der Blitzableiter sein muß.

Bärbel heißt eigentlich Barbara, aber sie hat sich selbst in Bärbel umbenannt, und keiner ruft sie anders. Ich heiße Johanna, und obwohl Mutti weiß, daß ich meinen Namen nicht ausstehen kann, nennt sie mich so und betont dabei jede Silbe Jo – han – na. In der Schule heiße ich auch so, bloß Vati ruft mich ab und zu Hanna. Die einzige, die sich an das hält, was ich gerne hätte, ist Bärbel. Sie nennt mich Anna, und das finde ich schön.

Wir sitzen in der Schule nebeneinander, und nach der Schule sind wir zusammen, so oft es geht. Meist bin ich bei Bärbel, was Mutti nicht gern sieht, und manchmal ist sie bei mir, was Mutti auch nicht recht ist. Aber da stelle ich mich stur, schließlich ist Bärbel meine beste Freundin und nicht ihre, und mittlerweile weiß ich, daß sie eigentlich nichts gegen Bärbel, aber eine Menge gegen Bärbels Vater einzuwenden hat. Ich finde das ungerecht, denn schließlich konnte sich Bärbel ihren Vater ebensowenig aussuchen, wie ich mir den meinen. Mutti ist nicht nur streng, in manchen Dingen ist sie wirklich ausgesprochen komisch.

Wir wohnen allein in einem neuen Haus, und mein Vater arbeitet bei der Sparkasse. Seit einem Jahr ist er der Leiter der großen Filiale am Marktplatz. Wenn er morgens aus dem Haus geht, trägt er einen Anzug, an dem meiner Meinung nach außer den scharfen Bügelfalten nichts Besonderes ist. Aber Mutti sagt, daß das ein »korrekter Cityanzug« sei, wie ihn ein Filialleiter tragen müßte. Dazu hat er ein weißes Hemd an und eine ziemlich langweilige Krawatte. Aber Mutti sagt, daß das eine sehr geschmackvolle Krawatte sei, genau so zurückhaltend und seriös, wie sie ein Filialleiter zeigen müsse. Natürlich ist Vati immer bestens rasiert und gekämmt, seine Brille ist tipptopp, seine Schuhe sind blitzblank, und ein klein wenig riecht er nach seinem Rasierwasser, das »Mister D.« heißt. Mit einem Wort, er ist rundum zum Vorzeigen, nach Muttis Ansicht zumindest, und ich merke das an dem zustimmenden und zufriedenen Nicken, mit dem sie ihn morgens aus dem Haus läßt.

Bärbel wohnt mit ihren Eltern in einem uralten Haus etwas außerhalb der Stadt, dort, wo auf der gegenüberliegenden Seite der Spazierweg zum Schloß anfängt. Das Haus steht allein, liegt ruhig, und Bärbels Mutter vermietet im Sommer immer ein Zimmer an einen Feriengast. Rund um das Haus, in dem schon Bärbels Großeltern, Urgroßeltern und Ururgroßeltern gelebt haben, liegt ein großer Garten mit Wald- und Obstbäumen, Johannis- und Stachelbeerstauden, Himbeer- und Brombeerranken, vielen Büschen, Gras und Gestrüpp. Ich habe mich oft gefragt, ob in dem verwilderten Garten nicht irgendwo ein Schatz vergraben sein könnte, unter der hohen Buche in der äußersten Ecke beispielsweise, oder ob nicht ein früherer Bewohner beim Anrücken der Feinde vielleicht ein wertvolles Dokument in einer Mauerritze versteckte, wo es heute noch auf seine Entdeckung wartet. In Silberbergs Haus gibt es düstere Winkel, schummrige Ecken, niedrige Räume und kleine Fenster – das kann jeder sehen. Und dann hat das Haus noch etwas Höhlenartiges, so was Verwunschenes und Geheimnisvolles – aber das kann man nicht sehen, das spürt man.

Bärbels Vater habe ich noch nie anders als in ausgebeulten Hosen gesehen, und weiße Hemden trägt er so gut wie nie. Er riecht auch nicht nach »Mister D.«, sondern entweder nach gar nichts, oder aber nach Schweiß. Herr Silberberg hat eine Unmenge Kraushaar auf dem Kopf und einen struppig-krausen Vollbart im Gesicht. Er wirkt weder gut rasiert, noch gut gekämmt, aber wenn er lacht, dann denkt jeder, daß er für Zahnpasta Reklame machen könnte. So schöne Zähne hat er.

Einfach super! Mutti meint, daß Herr Silberberg überhaupt keinen richtigen Beruf hat, er wäre bestenfalls Gelegenheitsarbeiter. Und so, wie sie es sagt, könnte man glauben, daß Gelegenheitsarbeit etwas Ähnliches wie eine ansteckende Krankheit ist, etwas, um das man besser einen Bogen macht. Aber Vati, der es schließlich wissen muß, weil er bei der Sparkasse ist, hat erst unlängst erzählt (ich glaube, das dürfte er gar nicht), daß Herr Silberberg ein für seine Verhältnisse erfreuliches Sparguthaben hat, und daß er sich manchmal fragt, wie Herr Silberberg das wohl macht.

Bärbels Vater kann kaputte Uhren wieder zum Gehen bringen. Er kann Nähmaschinen, Bügeleisen, Fahrräder und Rasenmäher reparieren. Er weiß, wie man Zäune ausbessert, Schuhe besohlt, Fensterscheiben einkittet, Wasserhähne dichtet und Stuhlbeine leimt. Die Leute rufen einfach bei ihm an und fragen: »Hermann, kannst du für einen Tag kommen?« Und dann fährt er am Vormittag auf einem seiner selbst zusammengebastelten, schwarz lackierten Oldtimer-Fahrräder hin. »Mein Mann ist selbständig und arbeitet außer Haus«, sagt Bärbels Mutter, und das klingt genau so stolz, wie wenn meine Mutter sagt: »Mein Mann ist Filialleiter.«

Einmal, als wir in der Schule ein Formular ausfüllen mußten, habe ich zu Bärbel hinübergeschielt, um zu sehen, was sie als Beruf ihres Vaters angeben würde. Sie überlegte keinen Augenblick, sondern schrieb »Kaufmann« hin. Zuerst hat mich das gewundert, aber dann, als ich darüber nachgedacht hatte, fand ich das ganz in Ordnung. Herr Silberberg ist wirklich auch ein Kaufmann. Wenn er nämlich bei seinen Kunden Uhren oder Nähmaschinen repariert, sieht er manchmal einen alten Schrank, einen alten Tisch oder sonst was Altes. Dann fragt er, ob er das nicht kaufen könne, und oft bekommt er es auch für wenig Geld. Daheim, in seinem Werkstattschuppen, der gegenüber von seiner Lagerscheune steht, macht Herr

Silberberg dann nach und nach aus den schäbigen alten Möbeln wieder schöne alte Möbel, und die verkauft er an Leute, denen Möbel mit Wurmlöchern gefallen.

Manchmal sagt Herr Silberberg aber auch »nein«, wenn die Leute ihn anrufen. Ab und zu kommt es nämlich vor, daß er daheim bleibt und ein paar Tage nichts tut, außer, daß er auf dem Sofa liegt, seine Fußballzeitung liest und Bier aus der Flasche trinkt. »Mein Vater fühlt sich mal wieder total gestreßt und urlaubsreif«, erzählt Bärbel dann. Die ersten zwei Tage sagt Frau Silberberg nicht viel dazu. Aber am dritten Tag schimpft sie, und dann nimmt Herr Silberberg sein Bier und seine Zeitung und geht in den Schuppen, wo für solche Fälle noch ein weiteres altes Sofa steht. »Aus Prinzip bleibt er da noch mindestens einen Tag«, sagt Bärbel. »Es ist immer dasselbe. Aber wenn er schließlich herauskommt, ist er ausgeruht und so arbeitswütig, daß er vor Kraft Bäume ausreißen könnte!« Wenn er in solcher Laune in seinen Werkstattschuppen geht und sich ein altes Möbelstück vornimmt, geht ihm die Arbeit ruckzuck von der Hand, und es dauert nicht lange, bis er wieder was verkaufen kann.

Andere Möbel wiederum, die so kaputt sind, daß die Reparatur lange dauert, stehen oft jahrelang in seiner Lagerscheune. Und wenn er das eine Möbelstück, an das ich jetzt denke, nicht behalten hätte, sondern es an jemand anderen verkauft oder aber auch zerhackt hätte, dann wäre die schreckliche Geschichte, die ich erlebt habe, vielleicht noch viel schrecklicher geworden ... Aber das konnte ich damals, als ich das erste Mal bei Bärbel war, natürlich noch nicht ahnen.

Ich weiß noch genau, wie sehr ich mich damals gewundert habe. Da gab es so viele Unterschiede zwischen meinem Zuhause und Bärbels Zuhause, und einer davon war die Wohnungseinrichtung.

Man muß sich das einmal richtig vorstellen: Bei uns daheim

stehen viele neue Möbel, weil Mutti im letzten Jahr, nachdem Vati Filialleiter geworden war, ein neues Wohnzimmer, ein neues Eßzimmer und ein neues Arbeitszimmer gekauft hat. »Wir müssen uns unbedingt besser einrichten«, hatte sie damals zu Vati gesagt, »denn sicher wirst du jetzt öfters Repräsentationspflichten zu übernehmen haben.« Sie meinte damit, daß Vati als Filialleiter dann und wann Geschäftspartner nach Hause bringen würde, denen man mit neuen Möbeln zeigen könne, daß der Filialleiter Hubert Bausch erstens so viel verdient, daß er sich das leisten kann, und daß er außerdem auch einen guten Geschmack hat. Na ja, damit hatten wir dann zwar ganz schicke Repräsentationsmöbel, aber gemütlicher wurde es deswegen bei uns nicht. Mutti schimpft jedesmal, wenn ich mich nicht ordentlich in einen der Sessel setze, und wehe, wenn ich mich gar hineinfallen lasse! Dabei tut das echt gut, wenn man sich mal so völlig geschafft fühlt, und dem Sessel passiert dabei gar nichts, außer daß vielleicht das Sitzpolster eine Winzigkeit verrutscht. Aber nein, erstens haben die Polstermöbel furchtbar viel Geld gekostet, zweitens benimmt man sich nicht so, und drittens hat man sich auch dann zusammenzureißen, wenn man sich völlig geschafft fühlt.

Und dann, als ich zum ersten Mal bei Silberbergs war, wurde mir klar, daß man gar nicht unbedingt ein Wohnzimmer haben muß. Silberbergs jedenfalls haben keins. Sie haben im Erdgeschoß einen großen Raum, der gleichzeitig Küche, Eßzimmer und Wohnzimmer zusammen ist. Sie besitzen auch keine richtigen Polstermöbel, sondern vielleicht zwanzig verschiedene Stühle, alte mit Holzsitz, solche mit Geflecht oder mit Polster, die aufs ganze Haus verteilt sind, und zwei uralte Sofas, die so aussehen, als wären sie auch im Neuzustand nicht besonders teuer gewesen. Bei einem hängen unten die Federn heraus, das ist dasjenige, das Herr Silberberg bevorzugt, wenn er sich »total gestreßt« fühlt, und bei dem anderen fehlt das linke Vorderbein, weshalb Herr Silberberg einfach drei Ziegelsteine als Stütze untergeschoben hat. »Wenn Mutti das sehen könnte«, dachte ich mir damals, »dann würde sie entweder in Ohnmacht fallen, oder aber für mindestens einen Tag sprachlos sein!« Garantiert hätte sie mir verboten, Bärbel daheim zu besuchen. Garantiert!

In Bärbels Zimmer sah es auch ganz anders aus als in meinem. Sie hatte natürlich keine Stereoanlage wie Bibiane – aber die hat das auch nur, weil ihr Vater Elektrogroßhändler ist –, sie hatte keinen eigenen Plattenspieler wie Julia, Kirsten oder ich, sie hatte noch nicht mal ein vernünftiges Radio, sondern nur eine asthmatische alte Rauschkiste, bei der kaum noch was zu hören war. Ich hatte aber nicht den Eindruck, daß sie das groß störte. Dafür gab es in ihrem Zimmer ganz andere Dinge: ein himmlisch altmodisches Bett beispielsweise, mit runden Bettpfosten und Holzkugeln oben drauf, einen hohen Schrank, zu dem ein riesiger Schlüssel gehörte, eine Truhe, die früher mal blau bemalt gewesen sein mußte, und eine halbhohe Kommode, die unten drei herausziehbare Schubladen und oben eine herausklappbare Schreibplatte hatte.

»Mein Vater hat gesagt, daß in dieser Art Schreibschrank manchmal ein Geheimfach eingebaut ist«, hatte Bärbel damals erzählt. »Die Möbelschreiner von früher waren ganz schön raffiniert, wenn es um ein Geheimfach ging. Sie haben den Mechanismus für die Öffnung des Geheimfachs unter einer geschnitzten Blumenranke versteckt oder unter einer Leiste. Völlig unauffällig! Wer nicht wußte, daß der Schrank ein besonderes Fach besaß, entdeckte es nie. Es sei denn, er hätte mal zufällig an einer bestimmten Stelle gedrückt. In meinem Schrank ist leider gar nichts. Ich habe schon sämtliche Vorsprünge, Ecken und Kanten untersucht. Keine Spur von einem Geheimfach. Pech, was?«

Ich hatte damals nur genickt und mich nicht weiter darum gekümmert. Die vielen aufregend interessanten Dinge ringsum, die wirklich vorhanden waren, beeindruckten mich mehr als ein nicht vorhandenes Geheimfach. Wenn mir damals jemand geflüstert hätte, daß ich einmal ganz anders darüber denken würde, hätte ich todsicher »Quatsch« gesagt.

Jedenfalls fand ich das Haus von Silberbergs einfach wunderbar. Es war das gemütlichste Haus, das ich je gesehen hatte. Sicher, für Vatis Geschäftspartner vielleicht nicht ordentlich genug, auch die »Repräsentation« fehlte so ziemlich, aber es war die passende Umgebung für unser Theaterspiel und unser Lieblingsstück. Es war wirklich das einzig richtige Haus, um darin die traurige Geschichte der Gräfin Alicia von Pisch-Buchtel zu spielen.

Damit habe ich hoffentlich genug über Bärbel und mich, über ihre und über meine Familie berichtet, so daß ich endlich zu Alicia kommen kann. Alicia ist wichtig, denn ihr Schicksal spielt die Hauptrolle in der irren Geschichte, die ich erzählen möchte. Erst ist sie im unglaublich-phantastischen Teil dabei und dann auch noch im gefährlich-schrecklichen Teil. Ist das jetzt sehr kompliziert? In Wirklichkeit war alles ganz klar und einfach. Wenigstens am Anfang.

Zweites Kapitel,
in dem Anna zuerst etwas erfährt,
dann einiges fragt
und sich hinterher wünscht,
daß sie den Mund gehalten hätte

Von der Gräfin Alicia hörte ich zum ersten Mal in einer Heimatkundestunde in der Grundschule. Es gibt eine Überlieferung, und die besagt, daß irgendwann in unserem Schloß, damals, als es noch keine Ruine war, ein junger Graf namens Friedrich gelebt hat, der in den Krieg zog und im Ausland die schöne Alicia kennenlernte. Beide verliebten sich ineinander, aber weil Krieg war, konnte Friedrich nicht bei ihr bleiben, sondern mußte dahin reiten, wohin sein General befahl. Er kam nie zu ihr zurück, und später, als er wieder daheim war, vergaß er sie und heiratete eine andere schöne Dame. Aber Alicia, sie soll aus Ungarn, aus Polen oder Böhmen gewesen sein, vergaß ihn nicht. Als wieder Frieden war, reiste sie ihm nach, traf in unserer Burg ein und wollte ihn wiedersehen. Aus Verlegenheit sagte man ihr, daß Friedrich gerade verreist sei. Da meinte sie, nachdem sie schon Jahre auf ihn gewartet hätte, könnte sie es auch noch ein bißchen länger aushalten. Auf jeden Fall bliebe sie erstmal da. Sie erzählte, daß sie ihm ein Geschenk mitgebracht habe, das einmalig auf der Welt sei. Am nächsten Tag ging Friedrich dann zu ihr, um ihr zu gestehen, daß er nicht mehr frei sei. Aber bevor er noch einen Ton von sich gegeben hatte, rannte Alicia, blind vor Tränen, aus dem Zimmer, aus dem Burghof, in den Wald hinein. Auf ihrem Weg durch das dichte Unterholz, so berichtet die Überlieferung weiter, sei sie dann über eine Baumwurzel gestürzt und habe sich den Hals gebrochen. Man fand sie erst am nächsten Tag. Aber ihr geheimnisvolles Geschenk blieb unauffindbar.

Alicias Geschichte ist geheimnisvoll genug, um lange darüber nachzudenken, und Bärbel mag sie auch. Weil uns der Name Alicia doch etwas zu kurz vorkam, hatten wir uns nach langem Überlegen auf den wohlklingenden Namen Alicia von Pisch-Buchtel geeinigt, und wir fanden beide, daß eine Gräfin solchen Namens sowohl aus Ungarn, Polen oder Böhmen gekommen sein könnte.

Einmal, als wir in einer Truhe, die Bärbels Vater kurz vorher gekauft hatte, ein paar alte Kleider entdeckten, war unser Theaterspiel besonders schön gewesen. Wir zogen die langen Kleider an, und ich fand mich geradezu hinreißend, weil mein Kleid zwar aus verschlissener, aber immer noch glänzender grüner Seide mit weißen Tupfen war. Ich spielte zuerst die Mutter, und Bärbel war Alicia. So fingen wir meistens an.

Bärbel hatte sich ans Fenster zu setzen und sehnsüchtig hinauszustarren. Dann kam ich hinzu und sagte mit bewegter Stimme: »Alicia, mein Kind, was trauerst du? Was bewegt dein Herz?«

»Ach, Mutter«, klagte Bärbel, »seit vier Jahren schon schaue ich nach ihm aus. Friedrich hat versprochen, daß er wiederkehrt. Mein Friedrich, mein Friedrich, wo magst du jetzt wohl sein?«

»Wenn er nicht bald kommt, so kommt er nimmermehr. Frieden ist längst schon im Land.«

An dieser Stelle mußte Alicia energisch und empört herumfahren, die rechte Hand zum Himmel recken und schwören, daß sie immer und ewig an die Liebe und Treue ihres einzigen Friedrich glauben würde, und daß er garantiert verhindert sei, denn sonst wäre er längst schon da. Als Bärbel diese starke Szene spielte und ihren Arm zum Schwur hochriß,

machte es »RRRRatsch!«, und das schöne braune Kleid
bekam vorn und hinten einen Riß von der Schulter bis zur
Hüfte, und die schöne Alicia wäre, hätte sie es so gemacht,
plötzlich im Unterrock dagestanden.

Als ich nach Hause kam und Mutti erzählte, wie sehr wir
über das zerrissene Kleid gelacht hatten, ließ sie alles stehen
und liegen und rannte in die nächste Apotheke. Sie kaufte
eine desinfizierende Seife, ein Puder und eine Salbe zum Ein-
reiben. Sie war einfach entsetzt.

»Ich würde mich nicht wundern, wenn du die Krätze oder
eine andere ansteckende Hautkrankheit bekämst«, sagte sie.
»Wie kann man nur so dumm und leichtsinnig sein, abge-
legte alte Kleider anzuziehen? Wer weiß, wer die angehabt
hat. Wasch dich gründlich von Kopf bis Fuß, hörst du? Hoffentlich hast du nicht auch noch Flöhe, Läuse oder sogar
Wanzen mitgebracht!«

Ich bekam keine Krätze, nicht mal andeutungsweise. Und
Bärbel, die das übertriebene Desinfizierungsgetue nicht über
sich ergehen lassen mußte, bekam auch nichts. In Zukunft
würde ich Mutti nichts mehr von unseren Spielen erzählen,
hatte ich mir damals vorgenommen, und was die entzük-
kende Alicia von Pisch-Buchtel anging, so sollte das ein
Geheimnis bleiben zwischen Bärbel und mir.

Wir hatten natürlich auch noch andere Geheimnisse miteinander. Eines davon war Bärbels Schriftsteller-Studio, von
dem lange keiner etwas wußte.

Vor ein paar Monaten hatte Herr Silberberg seine Tochter
gefragt, was sie sich zum nächsten Geburtstag wünsche, und
sie hatte gesagt: »Geld für Bücher«.

In einem Fach ihres Schreibschranks liegt ein Klappmesser,
das man zwar nicht mehr klappen kann, aber sonst ist es
noch in Ordnung. Bärbel benutzt es manchmal, um sich von
irgendwo einen Holzspan abzuschneiden. Ich weiß nicht, was

Mutti sagen würde, wenn ich auf die Idee käme, mir ein Stück Holz von einem Stuhlbein abzuschneiden. Bärbel kommt nicht nur auf die Idee, sie tut es auch – und keiner hat etwas dagegen. Als sie wußte, daß ihr Geburtstagswunsch in Erfüllung gehen würde, schnitzte sie für jeden Tag, den sie noch warten mußte, am Seitenbrett ihres Bettes eine Kerbe von rechts oben nach links unten. Und an jedem Abend, wenn ein Tag vorbei war, schnitzte sie eine Gegenkerbe von links oben nach rechts unten. Mit der Zeit bekam das Seitenbrett eine lange Zickzackkante, und als es dreißig Zacken waren, hatte Bärbel Geburtstag. Am Nachmittag darauf gingen wir in die Buchhandlung, um die hundert Mark Geburtstagsgeld auszugeben.

Die Buchhandlung hatte auch eine Schreibwarenabteilung. Bärbel kaufte sich zwei Taschenbücher, den Rechtschreib-Duden, ein ziemlich dickes Fremdwörterlexikon, das allein schon dreißig Mark kostete, eine verschließbare Schreibmappe, mehrere Schreibblocks und Kulis.

Als wir an der Kasse standen, sah ich auf einem Gestell an der Ladentheke eine Reihe von Schlümpfen. Den ersten nannte ich gleich den »Schreiber-Schlumpf«, denn er hielt in der einen Hand eine große, rote Schreibfeder und in der anderen eine halb aufgerollte Papierrolle. »Jetzt habe ich doch glatt vergessen, ein Musikheft mitzunehmen«, sagte Bärbel, und da sie gleich an die Reihe kam, ging ich schnell zum Regal und holte es ihr.

Als wir bei ihr zu Hause waren, wunderte ich mich immer noch über ihren Einkauf. »Zum Lesen ist aber nicht viel dabei«, sagte ich. »Wozu brauchst du eigentlich eine verschließbare Schreibmappe?«

»Zum Schreiben natürlich. Wozu denn sonst!«

»Willst du Briefe schreiben, die keiner lesen soll?«

»Nein, keine Briefe.«

»Was dann? Gedichte?«

»Nein, Gedichte auch nicht. Ich würde gerne –«, Bärbel druckste herum und ich merkte, daß ihr meine Fragen peinlich waren.

»Ich würde gerne – na ja, also, ich würde gerne eine Geschichte schreiben.«

»Eine Geschichte? Warum? Ich meine, wieso?« Ich war so verblüfft, daß ich zunächst gar nicht wußte, was ich von einer geschichtenschreibenden Bärbel halten sollte. Sie war immer noch etwas verlegen, sah mich nicht an, sondern blickte hinunter auf ihren Fuß, der über den Boden scharrte.

»Ich will später Schriftstellerin werden«, sagte sie trotzig. »So, jetzt weißt du's!«

»Schriftstellerin? Nein! Wie kommst du denn darauf?«

»Wie man eben daraufkommt. Schreiben macht mir Spaß!«

»Ja? Seit wann denn? Wenn der Ströml das wüßte!«

Bärbel sah mich wütend an. Man merkt es ihr an, ob sie bloß sauer ist, ob sie sich ärgert, oder ob sie fuchsteufelswild ist. Wenn sie sauer ist, dann bekommt sie einen starren Blick in die Augen. Wenn sie sich ärgert, dann legt sie los und schimpft, was sie rausbringt. Wenn sie aber wütend ist, dann macht sie die Augen halb zu, so, daß sie bloß noch unten durchschielt, und ihrem Mund kann man außen ansehen, daß sie innen mit den Zähnen knirscht. Der Hinweis auf Ströml, unseren Deutschlehrer, hatte sie wütend gemacht.

»Wenn du auch nur ein Wort davon verrätst«, zischte sie, »dann spreche ich nie wieder mit dir. Nie wieder!«

»Hu, bist du empfindlich! Ist ja schon gut, ich sage keinem was. Bestimmt nicht. Beiß mich bloß nicht!«

Bärbel brummte. Und schließlich, nachdem sie mich mehrmals prüfend von der Seite angesehen hatte, um herauszufinden, ob ich sie noch weiter veralbern würde oder nicht, zeigte sie mir ihr Schriftsteller-Studio. Das Studio befand sich in der Lager-Scheune, und es war etwa so groß wie bei uns zu Hause der Windfang.

Bärbel hatte sich auf dem Treppenabsatz eingerichtet und ihr Studio mit einem schmalen Gartentisch und einem wackligen Klavierhocker ausgestattet. Das einzige, was an der Scheune noch einigermaßen in Ordnung ist, ist das Dach. Die Mauern zwischen den Fachwerkbalken haben Risse und Löcher, das Tor ist halb zusammengefault, und der Treppe, die nach oben führt, fehlen etliche Stufen. Aber auf dem Treppenabsatz liegen noch alle Bodenbretter, und dafür, daß genügend Licht vorhanden war, hatte Bärbel selbst gesorgt.

Eines Tages, als ihr Vater nicht daheim war, hatte sie eine Leiter in die Scheune geschleppt und vom Treppenabsatz aus ein Mauerloch in der Nähe so weit vergrößert, bis es schließlich ein kleines Fenster war. Und dann hatte sie von innen ein Stück durchsichtiger Plastikfolie dagegengenagelt.

»Na? Wie findest du es?« fragte sie mich erwartungsvoll.

»Gut! Und hier willst du dann jeden Tag sitzen und deine Romane schreiben?«

Sie sah mich argwöhnisch an. Aber in dem Augenblick wollte ich sie gar nicht auf den Arm nehmen. Es interessierte mich wirklich. »Ich schreibe keine Romane! Jedenfalls jetzt noch nicht. Erstmal möchte ich kleine Geschichten schreiben.«

Sie legte die Schreibmappe, die Blöcke und die Kulis auf den Tisch und sah sich ihr Studio kritisch an.

»Es sieht noch ein bißchen ärmlich aus, nicht? Daß es ein Schriftsteller-Studio ist, kann man auf den ersten Blick noch nicht erkennen. Irgendwie fehlt da was. Komm, wir suchen was Passendes!«

Wir gingen die Treppe wieder hinunter, ins Erdgeschoß der Scheune, wo Herr Silberberg sein sogenanntes Lager hat. Immer, wenn ich es sehe, denke ich, daß Mutti das alles als »schmutziges Gerümpel, das man nicht einmal der Müllabfuhr zumuten kann« bezeichnen würde. Herrn Silberbergs Lager besteht aus aufeinandergestapelten alten Stühlen, Tischen, aus kleinen, mittleren und größeren Schränken, aus Kohleöfen und Badewannen mit Klauenfüßen, aus altmodischen Stehlampen mit und ohne Schirm, aus einzelnen Türen, blinden Spiegeln, alten Fensterrahmen und Bilderrahmen, aus Bettgestellen und verbogenen Garderobenhaken. Über allem liegt eine jahrealte Staubschicht.

»Ich könnte noch irgendeine Art Schrank brauchen«, meinte Bärbel. »Besser wäre vielleicht ein kleines Regal, mit verschließbarem Fach. In das Fach kämen die Manuskripte, an denen ich gerade arbeite, und ins offene Regal würde ich meine wichtigsten Bücher hineinstellen. Siehst du was Brauchbares?«

Wir stiegen mühsam kreuz und quer, immer darauf bedacht, ja nichts kaputtzumachen, denn im Lager herumzukramen, war für Bärbel eigentlich verboten. Nachdem wir mindestens fünfzig Spinnennetze zerrissen hatten, fanden wir zwei schmale Nachtschränkchen, die so gut in Bärbels Studio paßten, als wären sie eigens dafür geschreinert worden. Bärbel holte einen Eimer Wasser und ein paar Lappen, und nachdem wir die Schränkchen abgewaschen und trockengerieben hatten, rückten wir sie an ihren Platz. Wirklich, das Studio hatte dadurch unheimlich in seinem Ausehen gewonnen!

Und dann griff Bärbel plötzlich in ihre Hosentasche, holte etwas heraus und setzte es auf eines der Schränkchen. Es war der Schreiber-Schlumpf.

»Wo hast du denn den her?« fragte ich verdutzt.

»Aus der Buchhandlung. Es ist der Schriftsteller-Schlumpf, wie du siehst. Paßt gut hierher, oder? Er soll mein Maskottchen sein!«

»Ja, aber, hast du den vorher erst gekauft? Ich meine, ich habe das gar nicht mitgekriegt!«

Bärbel kniff die Augen zusammen. »Nein?« fragte sie gedehnt. »Hast du das nicht mitgekriegt? Vielleicht habe ich ihn ja gar nicht gekauft. Vielleicht haben sie ihn mir zum Geburtstag geschenkt? Vielleicht habe ich ihn aber auch geklaut!«

»Jetzt mach keinen Quatsch!«

»Das ist kein Quatsch! Du weißt doch, was letzte Woche passiert ist?«

»Nein, keine Ahnung! Was denn?«

»Mein Vater war beim Uhrmacher Schulz, um eine alte Bauernuhr zu reparieren, weil das bei ihm schneller geht als bei Herrn Schulzens Gesellen. Und abends, als mein Vater gegangen war, fehlte eine wahnsinnig teure Damenarmbanduhr, eine mit Brillanten am Zifferblatt, und ich weiß nicht, was noch. Als Vater am nächsten Tag wieder hinkam, sagte ihm Herr Schulz, daß er die Uhr selbst fertigmachen würde. Kein Wort hat er zu meinem Vater gesagt, niemand hat etwas gesagt, aber verdächtigt haben sie ihn alle. Ein paar Tage später, als die Uhr wieder aufgetaucht war, ein Lehrling hatte sie in die falsche Schublade gelegt, stell dir vor, hat das ein Angestellter von Schulz meinem Vater alles erzählt.«

»Damit war doch wieder alles in Ordnung!«

»Gar nichts war in Ordnung! Die Geschichte wurde herumgetratscht. Und meine Mutter sagt sonst auch immer, es wird schon was Wahres dran sein, wenn man solche Sachen hört. Hattest du davon gehört?«

»Nein. Kein Wort!«

»Ich habe es eben gedacht. Und ich habe geglaubt, daß du denken könntest, wie der Vater, so die Tochter!«

»Ach, komm, Bärbel!«

»Nein, nein, sei mal ehrlich, du hast einen Moment lang geglaubt, daß ich den Schlumpf gestohlen hätte, stimmt's?« Ich war sehr verlegen.

»So kann man es nicht sagen. Ich hatte nur nicht gesehen, daß du ihn gekauft hast. Deshalb!«

»Ich habe ihn zu meinen Sachen dazugestellt, als du mir das Musikheft geholt hast.«

»Ach so.«

»Ja.«

Bärbel sah stumm vor sich hin. »Ich stehle nicht«, sagte sie schließlich. »Ich habe noch nie gestohlen. Meine Mutter stiehlt nicht, und mein Vater tut es auch nicht. Ich kann mir schon denken, wieso die Leute glauben, daß wir nicht ehrlich sind. Weil mein Vater keinen richtigen Beruf hat, weil er nicht jeden Tag pünktlich ins Büro oder in den Betrieb geht, weil er eben alles mögliche arbeitet, und das auch nur, wenn er gerade Lust dazu hat.«

»Aber Bärbel –«

»Doch, doch, so ist das. Du brauchst gar nichts dagegen zu sagen. Ich weiß, daß es so ist. Einmal habe ich zufällig gehört, wie Nicky Cora erzählte, daß sie mit ihren Eltern am Sonntagnachmittag einen Spaziergang zum Schloß gemacht hätten. Und als sie bei unserem Haus vorbeikamen, habe Nikkys Mutter gesagt: ›Mein Gott, wer haust denn in dieser alten Bruchbude? Sind das Asoziale?‹«

»Das mußt du doch nicht so tragisch nehmen!«

»So? Und was würdest du sagen, wenn die Leute über deinen Vater tuscheln würden? Wenn sie vielleicht erzählen würden, daß er bei der Sparkasse Geld unterschlägt? Wäre dir das egal?«

»Nein, natürlich nicht.«

»Siehst du. Der Unterschied ist allerdings, daß die Leute es von deinem Vater nicht so schnell glauben würden wie von meinem. Das hängt sicher damit zusammen, daß ihr in einem ordentlichen Haus mit ordentlichen Möbeln wohnt, so, wie sich das gehört, daß ihr ein Auto habt, daß der Rasen vor dem Haus regelmäßig geschnitten wird, und ich weiß nicht, was sonst noch alles. Wir haben kein ordentliches Haus, keine ordentliche Einrichtung, statt eines Autos besitzen wir mehrere zusammengebastelte Fahrräder, und einen Rasen hatten wir noch nie. Wir haben bloß eine Löwenzahnwiese.« Wir schwiegen eine Weile.

»Weißt du«, fuhr Bärbel fort, »vor eineinhalb Jahren, da ist etwas passiert, wofür ich mich lange geschämt habe. Ich hatte im Lager herumgekramt, in Schubladen und Schränke hineingesehen und fand in einem großen Schrank, unter mehreren Decken verborgen, ein hübsches, kleines Apothekenschränkchen, so wie man es vielleicht vor hundert Jahren hatte. Und stell dir vor, als ich es öffnete, entdeckte ich darin einen Haufen Schmuck, Ringe, Broschen, Ketten, Orden und schöne Knöpfe, die wie Gold glänzten. Ich dachte, ich hätte einen Schatz vor mir, und weil er mir so verborgen erschien, so absichtlich versteckt, verstehst du, da fragte ich mich, na ja, wie soll ich dir das sagen – da fragte ich mich halt, ob dieser Schatz meinem Vater zu Recht gehört.

Ich bin dann zu ihm gegangen. Zuerst hat er mich ausgeschimpft, weil ich im Lager nicht herumstöbern soll, und dann hat er mir erklärt, daß das alles früher einem Faschingsprinzen gehört hätte. Die Knöpfe waren einst an seiner Prinzenuniform angenäht gewesen, und genau wie die Ringe, Broschen und Orden bestanden sie aus Blech und bunten Glassteinen. Ich muß ziemlich enttäuscht ausgesehen haben. Hast du etwa geglaubt, daß das echter Schmuck ist? hat er mich damals gefragt. Und als ich nickte, hat er mich ausgelacht. Nur Diebe würden echten Schmuck unter alten Decken verstecken, hat er gemeint, ehrliche Leute heben ihn in der Schmuckkassette auf, oder im Tresor, oder aber sie tragen ihn. Du kannst dir denken, wie sehr ich mich geschämt habe!«

»Und dann?«

»Und dann war weiter nichts. Ich durfte den ganzen Schatz behalten.«

Als ich nach Hause fuhr, ging es mir durch den Sinn, daß ich Bärbel und ihre Familie noch nie von dieser Seite betrachtet hatte. Aber Mutti hatte es wohl schon immer so gesehen. Warum sonst war sie gegen meine Freundschaft mit Bärbel? Dabei kannte sie Bärbels Eltern überhaupt nicht! Es empörte mich, daß meine Mutter die gleichen schnellen Vorurteile zur Hand hatte, wie andere Leute auch. Und das, nachdem ich schon so viel von Bärbel, ihren Eltern und ihrem Haus erzählt hatte. Da mußte sie doch herausgehört haben, daß es eine nette Familie war!

Zu Hause war ich mit dem Thema noch nicht fertig. Immer wieder mußte ich daran denken, daß es Bärbel anscheinend Kummer machte, nicht in so normalen Verhältnissen zu leben wie beispielsweise ich. Komisch, ich hätte sofort mit ihr getauscht, wäre mit Freuden in das alte Haus gezogen, in ihr gemütliches Zimmer; ich hätte gern einen großen wildgewachsenen Garten ums Haus herum gehabt und auch die alte Scheune, in der man unbemerkt ein Schriftsteller-Studio einrichten konnte.

»Könntest du dir vorstellen, in einem alten Haus zu wohnen?« fragte ich Vati.

»Ja, warum nicht? Alte Häuser können sehr hübsch sein. Alte Fachwerkhäuser beispielsweise. Gertrud, weißt du noch, damals unser Urlaub im Harz? Da wohnten wir in einem Fachwerkhaus.«

»Ja, ich erinnere mich. Der Fußboden war schief, die Toiletten noch mittelalterlich, es gab kein fließendes Wasser, und die Fenster waren so klein und niedrig, daß es im Zimmer immer schummrig war. Aber davon abgesehen war es recht behaglich.«

Wenn ein altes Haus ganz hübsch und sogar behaglich sein kann, warum wohnen wir dann nicht in einem alten Haus?« fragte ich.

»Weil wir nun mal lieber in einem neuen Haus leben«, erklärte Mutti. »In einem Haus, in dem die Fußböden gerade sind, die sanitären Anlagen so, wie sie sein sollen, und das so große Fenster hat, daß genügend Licht und Sonne herein kann. Wir wohnen in diesem Haus, weil es modern und gleichzeitig gemütlich ist, und weil wir eben nicht in einer Räuberspelunke hausen möchten.«

»Hast du was gegen Leute, die in alten Häusern wohnen?«

»Aber nein, natürlich nicht. Vielleicht können sie ja nirgendwo anders wohnen. Beispielsweise, weil sie keine höheren Mieten bezahlen können. Es geht nicht darum, ob ein Haus alt ist oder nicht, es geht darum, ob man es instandhält und pflegt. Ob es, egal, wie alt es sein mag, einen sauberen und gepflegten Eindruck macht, verstehst du?«

»Aber gegen Leute, die eine Räuberspelunke haben und darin wohnen, gegen die hast du schon was, stimmt's?« fragte ich störrisch.

Mutti sah mich verwundert an. »Schon möglich«, sagte sie gedehnt. »Den Unterschied zwischen einem gepflegten alten Haus und einem verlotterten alten Haus habe ich dir doch eben versucht klarzumachen.«

»Ja, ja. Glaubst du, daß jemand, der sein Haus verlottern läßt, auch ein Dieb ist?«

Mutti warf Vati einen fragenden Blick zu. »Ich habe das Gefühl, daß du auf etwas Bestimmtes hinaus willst«, sagte sie zu mir, »aber ich weiß nicht, auf was.«

»Jetzt antworte doch bitte auf meine Frage! Glaubst du, daß einer, der sein Haus verkommen läßt, auch ein Dieb ist?«

»Unsinn, Johanna! So allgemein kann man doch nicht fragen. Natürlich glaube ich das nicht!«

»Würdest du sagen, daß Bärbel in einem verkommenen Haus lebt?«

Mutti blickte auf. »Also, daher weht der Wind! Ja, das würde ich allerdings sagen!«

»Dann frage ich dich jetzt nicht mehr allgemein, sondern ganz gezielt: Glaubst du, daß ihr Vater, der das Haus so verkommen läßt, ein Dieb ist?«

»Also langsam habe ich den Eindruck, daß ich verhört werde«, sagte Mutti ärgerlich. »Was soll das Ganze?«

»Ich frage mich auch, weshalb du so beharrlich bist«, meinte Vati.

»Hat denn Bärbels Vater etwas gestohlen, oder steht er im Verdacht, etwas gestohlen zu haben?«

Ich dachte an Vatis Bemerkung, daß er sich manchmal über Herrn Silberbergs Sparguthaben wunderte, und beschloß, nichts weiter zu sagen. Ich schüttelte heftig den Kopf. Am Ende würde ich noch dazu beitragen, den Klatsch unter die Leute zu bringen. Als ob es für Bärbel nicht schon schlimm genug wäre.

»Willst du uns nicht verraten, weshalb du wegen Bärbels Vater so eindringlich gefragt hast?« wollte Mutti wissen.

»Nein. Es war auch nichts Besonderes.«

»Wirklich nicht?«

»Nein! Kann ich euch denn nicht mal um eure Meinung fragen, ohne gleich dafür lange Erklärungen abgeben zu müssen?«

Mutti schwieg verstimmt. Sie kann es nicht vertragen, wenn ich mich bockig zeige. Aber Vati sagte nach einer Weile: »Hanna, du weißt doch, daß du mit all deinen Problemen zu uns kommen kannst. Wir können über alles reden. Und wenn es mit Bärbel irgend etwas gibt, was dich bedrückt, dann solltest du uns das sagen. Vielleicht können wir dir helfen. Denkst du daran, Hanna?«

Ich nickte, ohne ihn anzusehen. Nun hatte ich bestimmt alles falsch gemacht. Ich wußte genau, daß meine Eltern wegen Bärbels Vater jetzt irgend etwas vermuten oder sogar argwöhnen würden. Vati würde sich vielleicht vorsichtig etwas umhören, und Mutti würde meiner Freundschaft mit Bärbel noch ablehnender gegenüberstehen als bisher. Ich war ganz unglücklich. Hätte ich doch bloß den Mund gehalten!

Drittes Kapitel,
in dem von schönen Worten,
dem Magen eines harten Ritters
und einem alten Schreibschrank
die Rede ist

Zu Bärbel sagte ich über das Gespräch natürlich nichts. Als ich sie tags darauf besuchte, fand ich sie in ihrem Studio, wo sie ihre Beine um das eine wurmstichige Bein des Klavierhokkers verschränkt hatte. Sie kaute an einem ihrer Kulis, und der Schreibblock vor ihr auf dem Tisch war noch völlig leer.

»Du, ich weiß ein neues Spiel«, sagte sie. »Es ist unheimlich spannend und außerdem eine tolle Übung für Schriftsteller.«

»Dann mußt du es allein spielen. Ich will ja keine Schriftstellerin werden.«

»Ach komm, sei kein Spielverderber! Paß auf, es geht so: Eine sagt ein Wort, irgendwas, und die andere muß dann alle Wörter nennen, die ihr dazu einfallen. So schnell sie kann! Wer innerhalb von drei Minuten die meisten Wörter gefunden hat, hat gewonnen. Sag ein Wort. Los, fang an!«

Ich setzte mich auf die nächste Treppenstufe, weil in Bärbels Studio für einen Besucherstuhl kein Platz ist, und sie drehte sich erwartungsvoll auf ihrem quietschenden Hocker hin und her.

»Giftgrün«, sagte ich schadenfroh und beobachtete den Sekundenzeiger meiner Uhr.

»Giftgrün? Hm, Kröte, Unke, Kaugummipapier, Ostergras, Schnittlauch, Bluse von meiner Mutter, Beule nach zwei Tagen, ähm – ähm – Hexengalle –«

»Die drei Minuten sind um. Acht Wörter. Wie war das letzte Wort?«

»Hexengalle!«

»Was soll denn das sein?«

»Das, was ich sage. Soviel ich weiß, sieht Galle normalerweise gelblich-grün aus. Bei einer Hexe ist das natürlich
nicht so. Da ist sie giftgrün. Klar?«

»Darauf muß man auch erst mal kommen«, brummte ich,
»Hexengalle!«

»Aber es ist ein schönes Wort. Das mußt du doch zugeben!
Weißt du was? Ich lege mir eine Schöne-Wörter-Liste an.
Hexengalle ist das erste, und jeden Tag erfinde ich ein neues,
ungewöhnliches, unheimlich schönes Wort. Und wenn ich
dann beim Schreiben ein außerordentliches Wort suche und
es fällt mir keines ein, dann sehe ich auf meiner Liste nach,
und du wirst sehen, da steht eins!«

»Du kannst einen richtig anöden mit deiner Schriftsteller-
macke.«

»Von wegen Macke! Eines Tages, wenn ich den Nobelpreis
für Literatur kriege, wirst du stolz überall herumerzählen,
daß du dabei warst, als ich meine ersten Bücher geschrieben
habe.«

»Ja, ja, ganz klar. Und wenn du so weiterspinnst, dann werde
ich bald überall herumerzählen können, daß ich dabei war,
als sie dich in die Klapsmühle gebracht haben. Hexengalle!
Du liebe Zeit, damit geht's meistens los!«

»Manchmal bist du richtig gemein. Aber jetzt bist du dran
beim Spiel. Wollen doch mal sehen, ob dir wenigstens ein
halb so gutes Wort einfällt wie mir. Achtung, es geht los, ich
sage Schweinchenrosa!«

Was soll einem zu diesem albernen Wort schon groß einfallen? Zuerst konnte ich bloß die Schulter zucken, aber dann
kam mir doch noch eine Idee. Ich grunzte. Zuerst ließ ich ein
tiefes Röhren und gefährliches Schnauben hören, mehr so
Wildschweinqualität, dann wurde daraus ein gewöhnliches,

mittelprächtiges Hausschweingrunzen, und schließlich endete meine Vorstellung mit einem zarten Quiekton, so richtig lieb, rosa und marzipanig. Für mein Gefühl war es ein totaler Supergrunzer. Bärbel sah mich verblüfft an. »Was war jetzt das?«

»Das war Schweinchenrosa. Bloß eben nicht in Worten ausgedrückt, sondern in Tönen. Hast du das etwa gar nicht begriffen? Du, ich überlege mir gerade, ob ich später nicht mal Toningenieur werden soll, beim Film oder beim Fernsehen. Das wäre was, hm? Ich glaube, dafür habe ich eine große Begabung. So groß, daß später bei jedem wirklich guten Film im Vorspann zu lesen sein wird: Ton und Geräusche: Anna Bausch.«

»Anna, du, das wäre riesig! Und weißt du was noch? Ich wette, daß irgendwann die Zeit kommt, in der bei jedem wirklich guten Film im Vorspann steht: Drehbuch: Bärbel Silberberg. Dann werden die Leute sagen, ein Film, bei dem die Bausch und die Silberberg mitgemacht haben, der muß gut sein. Ach, was sage ich, der muß nicht nur gut, der muß sogar einsame Spitze sein. Den Film muß man gesehen haben!«

»Ja! Genau das ist es! Du, wir werden berühmt. Wir zwei werden so berühmt, daß allen anderen die Spucke wegbleibt. Wetten daß?«

Wir lachten uns an, und Bärbel sagte, daß sie später als berühmte Schriftstellerin immer nur lange Kleider mit Rüschen, Volants und Spitzen anziehen würde, und Hüte, so groß wie Fahrradreifen, und es wäre schnurzegal, was gerade Mode sei. Und ich sagte, daß ich später nie etwas anderes als Jeans tragen wollte, mein Beruf hätte außerdem auch mehr mit Technik zu tun, da wären Hosen sowieso praktischer als Kleider, und daß ich Jeans am Morgen, am Nachmittag, am Abend und nachts im Bett tragen würde, ganz egal, was gerade Mode sei. Wir waren von uns selbst begeistert. Wir konnten uns Bärbel Silberberg und Anna Bausch in zehn oder fünfzehn Jahren richtig gut vorstellen, äußerlich wenigstens, und wir waren überzeugt, daß wir ein herrliches, aufregendes, abenteuerliches und sehr erfolgreiches Leben haben würden.

»Ich würde ja zu gerne wissen, wie die ersten Bücher von mir heißen und wovon sie handeln werden«, sagte Bärbel.

Und das brachte mich auf einen Gedanken. »Du, hör mal, dein Studio ist doch bestens geeignet für die Abschiedsszene. Es hat eine Treppe als Zugang von oben und eine Treppe als Abgang nach unten. Hast du Lust, wollen wir?«

Bärbel nickte vergnügt und schob den Hocker etwas näher an den Tisch.

»Diesmal bin ich aber die Alicia«, sagte ich.

»Warum?«

»Weil ich jetzt schon mehr Busen habe als du. Darum. Seit gestern sieht man es ganz deutlich.«

»Also, ich sehe nichts«, sagte Bärbel fieserweise.

»Dann solltest du schleunigst zum Augenarzt gehen! In Wirklichkeit ist mein Busen schon so groß, daß ich mir, wenn ich gerade stehe, kaum noch auf die Füße schauen kann.«

»Ich kenne wirklich niemanden, der so angibt wie du. Aber gut, es soll mir recht sein. Dann bin ich also diesmal der Vater und die Mutter.«

Sie entfernte sich, indem sie ein paar Treppenstufen hochstieg. Ich setzte mich möglichst anmutig auf den Hocker, stützte den Ellbogen auf den Tisch, die Wange in die Hand und starrte dann sehnsüchtig durch das plastikfolienvernagelte Fenster. Als Bärbel herunterkam, schlug ich abwechselnd mit beiden Fäusten auf den Tisch.

»Was ist das?« fragte Bärbel verdutzt.

»Das bist du als Vater. Der Vater kommt, und weil er in voller Rüstung geht, tappt er so schwerfällig wie ein Nilpferd.«
Bärbel hielt einen halben Meter vor mir an und tat so, als würde sie eine Tür öffnen.

»Kiiinäääärz«, quetschte ich heraus. »Die Türangeln müßten dringend geölt werden«, flüsterte ich als Erklärung.

»Alüssüa, mein Töchterchön«, dröhnte Bärbel.

»Rrrrummms!«

»Was soll denn das nun wieder sein?« Bärbel wurde langsam ungeduldig. »Das ist ja wie im Kasperltheater!«

»Er hat seinen Helm abgenommen und auf den Tisch gestellt«, erklärte ich, »das gibt diesen Rums. Du mußt dir vorstellen, wie schwer solch ein eiserner Ritterhelm ist. Eisen ist das, kein Plastik!«

»Alüssüa, mein teurös Künd! Deiner Mutter raubt es schier den Schlaf, daß du so blaß und krönklüch büst!«

Ich hüstelte, hustete und schniefte zum Erbarmen.

»Üst es der Schnupfen nur, oder üst's der Früderüch? Sag an, was göht dür durch den Sünn?«

»Herr Vater, Herr Vater – schneuz-schneuz-schneuz – ja, ach, er ist's, der Friedrich ist's!«

»Jötzt trau're nücht mein teurös Künd, dein Vater sucht dür einen Mann. Und wenn's nücht üst der Früderüch, so kann's doch wohl ein and'rer sein?«

»Knallbum, Knallbum, bumbum!«

Bärbel blickte mich verständnislos an. »Er hat seine beiden eisernen Handschuhe ausgezogen und sie neben den Helm auf den Tisch geschmissen«, sagte ich leise. Dann erhob ich mich, ich stand nicht etwa nur auf, nein, ich erhob mich, rang die Hände, blickte voller Seelenqual zum Himmel, drückte die Hände an mein Herz und sank dann Bärbel zu Füßen.

»Nein, nimmermehr, Herr Vater, nimmermehr will ich einen anderen als meinen Friedrich zum Manne haben. Eher hört

Alicia auf zu atmen!« Ich hielt ergeben den Kopf gesenkt, und bevor Bärbel noch etwas sagen konnte, begann ich in den verschiedensten Tonlagen zu bellen.

»Na, also hör mal!« Bärbel kam ganz aus dem Text. »Wollen wir jetzt eigentlich die Abschiedsszene spielen oder machst du bloß Faxen?«

»Ich mache überhaupt keine Faxen«, verteidigte ich mich.

»Du mußt dir die Szene deutlich vorstellen. Alicia sagt, daß sie lieber sterben will, als einen anderen zu heiraten. Und in dem Augenblick, als der Vater erschüttert dasteht und schweigt, hört man von unten, aus dem Schloßhof das Gebell der Hunde. Die Geräusche müssen stimmen. Dann wird das Spiel doch viel echter!«

»Dann sag mir demnächst vorher, welche Geräusche du produzieren willst, damit ich mich darauf einstellen kann. Diese ständigen Unterbrechungen sind ja blöd. Zieht der Vater vielleicht noch was aus?«

»Nein, alles andere läßt er an, bis er ins Bett geht.«

»Ein Glück! Also, dann komme ich jetzt als Alicias Mutter.« Bärbel stieg wieder zwei, drei Stufen hoch, drehte sich um und schritt dann würdevoll wieder herunter. Natürlich konnte das nicht ohne begleitende Geräusche bleiben. »Tippetapp, tippetapp, Klirrklingel – Klirrklingel – das ist der riesige Schlüsselbund, den sie an der Schürze hängen hat«, wisperte ich Bärbel zu, »tippetapp, kiiinääärz!«

»Nun, mein Gemahl«, fragte Bärbel als Alicias Mutter, »wie findet Ihr heut unser Kind?«

»Es jammert möch! Es jammert möch ganz förchterlöch. Es üst kaum Löben noch in ühr!« sagte Bärbel dann als Alicias Vater.

»Drum laßt mich fort«, jammerte ich mit tränenerstickter Stimme, »nicht länger will ich ohne Friedrich sein!«

»Ach Kind, ach Kind, Alicia«, ächzte die Mutter. Und weil

Bärbel im Moment nichts weiter einfiel, murmelte ich halb-laut »grummel – grummel – grummel – grummel – grummel –«

»Das ist wahrscheinlich der Goldfisch im Schloßteich, oder?« fragte Bärbel ungehalten.

»Nein, das ist nicht der Goldfisch, sondern der Vater. Er denkt angestrengt nach, und das klingt wie grummel-grummel. Die Sprechpause muß doch irgendwie ausgefüllt wer-den.«

»So züh denn hün, mein teurös Künd«, brummte der Vater ergeben, »du lötzte aus dem Geschlöcht derer von Püsch-Buchtel. Mür würd so öng die Brust!«

Dann fielen wir uns zweimal in die Arme. Einmal als Mutter und Tochter, dabei mußten wir schrecklich schluchzen und jammern, und einmal als Vater und Tochter, wobei nur ich weinte und der Vater seine Rührung hinter Schnauben und Räuspern verbarg. Bärbel schnaufte wie noch nie, aber als sie einmal tief Luft holte, fabrizierte ich einen erstklassigen Rülpser.

Bärbel war empört. »Das ist meine Rolle, was fällt dir eigent-lich ein! Kein Vater wird beim schmerzlichen Abschied von seiner Tochter so unflätig rülpsen!«

»Normalerweise nicht, klar doch! Aber er hat seine Tränen verschluckt, und der Magen eines harten Ritters, der sonst nur Wildschweinbraten, Tauben und Fasane gewöhnt ist, ver-trägt salzige Tränen schlecht. Er kann gar nicht anders. Er muß rülpsen!«

Bärbel grinste, lachte, dann lachten wir beide wie die Irren, und wir knufften uns und schubsten uns, bis ich plötzlich am Rand des Treppenabsatzes ins Kippen kam, das Gleichge-wicht verlor und die Treppe hinunterrollte. Ich erreichte das Erdgeschoß sozusagen auf dem Luftweg.

Als ich mich stöhnend aufsetzte und mir die Arme und ein

aufgeschrammtes Knie rieb, sah ich, daß ich vor einem Schreibschrank gelandet war, auf dem sich ein Berg alter Matratzen türmte. Von da, wo ich saß, sah er so ähnlich aus wie der Schreibschrank in Bärbels Zimmer. Nachdem ich so unsanft gegen ihn geprallt war, hatte sich die Schreibplatte geöffnet, und ich konnte erkennen, daß dahinter, wie bei Bärbels Schrank, mehrere kleine Schubladen waren. Ich kann heute noch nicht sagen warum, aber dieser Schrank hatte es mir angetan. Ich mochte ihn auf den ersten Blick.

»Hast du dir weh getan?« fragte Bärbel von oben. »Was ist? Was schaust du so?«

»Der Schrank hier! Als ich an ihn drangestoßen bin, ist die Platte heruntergefallen. Glaubst du, daß ich ihn kaputtgemacht habe? Au weia, was wird bloß dein Vater sagen!«

»Ach was, warte mal!« Bärbel zerrte die modrig aussehenden Roßhaarmatratzen herunter. »Ich möchte wirklich wissen, warum er die noch aufhebt«, sagte sie zwischen Niesen und Husten: Soviel Staub und Schmutz waren aus den Matratzen aufgestiegen. Sie untersuchte die Schreibplatte und stellte sachkundig fest, daß eines der beiden Scharniere, mit der die Platte festgehalten wird, sowieso schon fehlte und das andere gebrochen war.

»An dem Schrank ist kaum noch was kaputtzumachen«, beruhigte sie mich. »Schau, da fehlt eh schon die Hälfte. Die Schubladengriffe sind nicht mehr da, die Füße sind weg, und hier, an der Ecke, das sieht so aus, als wäre mal einer mit dem Beil drangewesen. Um das Stück wieder herzurichten, braucht man Wochen, vielleicht sogar Monate. Ich kann mir nicht denken, daß mein Vater das vorhat. Wahrscheinlich hat er den Schrank längst vergessen. Möglich, daß er schon hier stand, als Großvater noch lebte. Vater sagt zwar immer, daß er demnächst das Lager aufräumen will, aber das sagt er bloß.«

Ich strich mit der Hand über die schäbig gewordene Schreib-platte und über die teils stumpfe, teils rissige Seitenwand. Noch nie vorher war mir aufgefallen, daß Holz sich so unter-schiedlich anfühlen kann.

»Hast du eine Ahnung, woher dein Vater diesen Schrank hat?«

»Nein, nicht die geringste. Ich weiß nur, daß einige der ganz alten Stücke hier aus dem Schloß sein sollen. Vater hat mir erzählt, daß manche Möbel, wenn sie für die Schloßeinrich-tung nicht mehr gut genug waren, an die Bediensteten ver-schenkt wurden. Und in den Wohnungen der Dienerschaft haben sie dann den großen Brand überlebt, der das Schloß schließlich zur Ruine gemacht hat.«

Ich betrachtete den Schrank nachdenklich. »Für meine Begriffe sieht er jedenfalls nach einem ganz alten Stück aus. Stell dir vor, vielleicht hat er wirklich einmal im Schloß gestanden . . .«

»Ja, vielleicht . . . er könnte in dem düsteren Zimmer des alten Grafen gestanden haben, gleich gegenüber von seinem Bett. Und eines Tages, als der Graf sich sterbenskrank fühlte, wankte er hinüber zu seinem Schreibschrank und schrieb dar-auf sein Testament.«

»Welchen Grafen meinst du?«

»Na, irgendeinen. Einen alten Grafen gab's doch immer!«

»Ach so.« Ich versuchte mir eben das düstere Zimmer vorzu-stellen, als Bärbel mit einem anderen Vorschlag kam. »Nein, nein, ich habe mich geirrt. Jetzt hab ich's! Der Schrank stand natürlich im Turmzimmer der jungen Gräfin. Jeden Nachmit-tag punkt vier setzte sie sich an die Schreibplatte, um ihr Tagebuch zu schreiben. Siehst du die beiden Flecken? Einmal hat sie schrecklich geweint, und das zweite Mal hat sie das Tintenfaß umgekippt. Warum sie geweint hat? Tja, das blieb ihr Geheimnis.«

»Was für Flecken? Ich sehe keine!«

»Ach, du hast überhaupt keine Phantasie!«

»Hab ich wohl, aber deswegen muß man ja nicht in alles was hineingeheimnissen!«

Wie nahe wir in diesem Augenblick einem echten Geheimnis waren, das erfuhren wir erst sehr viel später.

Viertes Kapitel,
in dem erklärt wird,
warum Anna ihr Zimmer langweilig,
den Möbelverkäufer ölig
und Gespräche mit ihrer Mutter
schwierig findet

Als ich an diesem Nachmittag nach Hause kam und mir mein Zimmer ansah, fand ich es zum Gähnen langweilig. Links neben der Tür ist die Liege mit dem hellbraunen Bezug, von dem Mutti sagt, daß der Farbton »Nougat« heißt. Dann kommt das große Fenster mit den gelbbraunen Vorhängen, davor steht mein Schreibtisch aus weißem Kunststoff, und danach ist erstmal ziemlich viel Platz bis zum Wandschrank, dessen Türen mit der gleichen Tapete wie die Wände beklebt sind. Schließlich, quer zur Zimmertür, hat mein Zimmer ein Regal aufzuweisen, in das man von beiden Seiten hineingreifen kann. Ich habe ein großes, helles, und wie Mutti ausdrückt, »deinem Alter entsprechendes Zimmer«, und mit »Alter« und »entsprechend« meint sie wahrscheinlich, daß sie mir erlaubte, zwei große Poster an die Tapete zu stecken, eins von Terence Hill und Bud Spencer und eins von Bernard und Bianca, und daß ich mir vor einem Jahr die Tapete selbst hatte aussuchen dürfen.

Aber das stimmte nicht. Ich hatte mir die Tapete gar nicht selbst ausgesucht, sondern hatte sie mir von Mutti einreden lassen. Mir hätte damals eine Dschungel- und Urwaldtapete zehnmal besser gefallen, so eine, bei der man dauernd denkt, daß Tarzan persönlich auftauchen könnte. Aber Mutti hatte seinerzeit gemeint, das wäre absolut chaotisch, und nach spätestens drei Wochen würde man mit so einer Tapete wahnsinnig werden. Als ich mir jetzt mein Zimmer genau betrachtete, fand ich die gelbe Tapete mit den kleinen weißen Blumensträußen drauf ebenfalls zum Wahnsinnigwerden, zumindest aber zum Abreißen scheußlich, und Terence Hill, Bud Spencer, Bernard und Bianca konnten das Zimmer auch nicht retten.

Beim Abendessen, das bei uns immer um halb acht stattfindet, und ich glaube, selbst ein Weltuntergang könnte daran nicht viel ändern, machte ich den ersten Vorstoß.

»Ich möchte mit euch gerne mal über mein Zimmer reden.«

»Sag das bitte noch einmal, sobald du den Mund leer hast, Johanna!« Ich schluckte meinen Bissen hinunter und sagte: »Ich kann mein Zimmer nicht mehr ausstehen. So wie es jetzt ist, ist es zum Pesten langweilig!«

»Was sind denn das wieder für merkwürdige Ausdrücke«, rügte mich Mutti.

»Und was ist an deinem Zimmer so langweilig?« fragte Vati.

»Ach, alles. Der Teppichboden, die Wände, die Decke, die Tapete, die Möbel, eben alles! Man sieht die Liege an und denkt, na ja, das ist halt eine Liege. Man sieht den Schreibtisch und denkt, na ja, das ist halt ein Schreibtisch. Man sieht das Regal an –«

»Und denkt, das ist ein Regal«, unterbrach mich Mutti, »ja, aber ein Regal, das sehr viel mehr gekostet hat, als man üblicherweise für ein Kinderzimmer ausgibt, ein Regal, das nicht nur hübsch aussieht, sondern auch sehr praktisch und gut gearbeitet ist. Ich weiß wirklich nicht, was daran auszusetzen wäre!«

»Laß sie doch mal ausreden«, sagte Vati. »Was denkt man also, wenn man dein Zimmer sieht, Hanna?«

»Man denkt überhaupt nichts«, sagte ich trotzig. »Man macht die Tür auf und kann die Tür wieder zumachen. Es ist ein stinknormales Zimmer, in dem nichts, auch gar nichts Besonderes drinsteht.«

»Stinknormal?« wiederholte Mutti, »ich möchte wirklich wissen, wo du solche Ausdrücke herhast!«

»Das sagt doch jeder! Das ist überhaupt kein ›solcher Ausdruck‹! Auf jeden Fall habt ihr die Möbel für mein Zimmer ausgesucht und nicht ich, und außerdem kann man in meinem Zimmer nicht das geringste verändern. Alles muß so bleiben, wie ihr das einmal bestimmt habt.«

Mutti dachte einen Augenblick darüber nach. »Meinst du mit verändern, daß wir das Regal an die Seite stellen könnten, dort, wo jetzt deine Liege steht, und die Liege statt dessen an die Wand rücken sollten?« wollte sie wissen.

»Nein, nein! Dann wäre mein Zimmer ja bloß seitenverkehrt neu eingerichtet. Versteht ihr mich denn nicht? Ich mag die Möbel nicht mehr. Das Zimmer mit diesen Möbeln sieht genauso aus wie in einem Möbelkatalog. Ja, das ist es tatsächlich, mein Zimmer wirkt, als wäre es Stück für Stück aus einem Möbelkatalog. So allgemein eben und nicht wie das Zimmer von Johanna Bausch. Ich möchte keine Liege mehr, sondern vielleicht eine Hängematte, quer durchs Zimmer von Wand zu Wand! Ich will das Kinderzimmerregal nicht haben, weil ich kein Kind mehr bin! Und meinen abwaschbaren Plastikschreibtisch will ich auch nicht mehr, der ist was für Erstkläßler!«

»Erlaube mal, den kann man so verstellen, daß er auch noch reicht, wenn das Kind größer wird. Darauf habe ich beim Kauf besonders geachtet!«

Mutti war aufgebracht.

»Also, Moment mal«, schaltete Vati sich ein. »Hanna, das mit der Hängematte ist natürlich Unfug. Schließlich bist du hier zu Hause und nicht auf Safari, und zu Hause hat man ein bequemes Bett, in dem man gut liegen und schlafen kann, weil das im übrigen wichtig ist, um am nächsten Morgen ausgeruht zu sein. Was für ein Möbel käme denn noch in

Frage, das nicht so aussieht, als wäre es aus einem Katalog?«

»Ja, also, also – etwas Besonderes eben. Ich sagte es doch schon. Etwas, das normalerweise nicht in einem Kinderzimmer steht. Ein Himmelbett beispielsweise!«

Meine Eltern starrten erst mich und dann sich an. Vati lachte und Mutti faßte sich, wie üblich, zuerst.

»Ein Himmelbett? Johanna, was für ein Unsinn! Was um alles in der Welt willst du mit einem Himmelbett?«

»Bitte, da habt ihr's ja! Hängematte ist Unfug und Himmelbett ist Unsinn. Alles, was ich sage, ist in euren Augen der reinste Quatsch. Immer geht ihr nur von euch aus und davon, was ihr für richtig haltet. Was ich möchte und was mir gefällt, das interessiert euch nicht die Spur!«

»Ich bin sicher, daß Tausende von Mädchen in deinem Alter sich glücklich schätzen würden, wenn sie auch nur ein halb so hübsches Zimmer hätten wie du«, sagte Mutti vorwurfsvoll. »Ich kann mir gar nicht erklären, was plötzlich in dich gefahren ist!«

Wenn Vati sie nicht unterbrochen hätte, dann wäre an dieser Stelle einer ihrer Lieblingssätze gekommen, nämlich, daß ich allen Grund zur Zufriedenheit hätte und daß ich offensichtlich nicht wüßte, wie gut es mir geht. Aber so war Vati da, der Satz blieb mir diesmal erspart, und einen Augenblick lang hatte ich den Eindruck, als würde er mir kurz zublinzeln.

»Ich glaube, unsere Hanna ist ein Stückchen größer und älter geworden«, sagte er ganz sachlich, und um Mutti zu beruhigen, tätschelte er ihre Hand. »Ich erinnere mich, daß ich in ihrem Alter meine Zimmerecke auch anders haben wollte. Meine Ecke sage ich, denn ich mußte das Zimmer mit meinen beiden älteren Brüdern teilen.«

»Hast du gehört, Johanna? Vati hatte nicht einmal ein Zimmer für sich allein und . . .«

»Laß mich bitte ausreden, Gertrud. Was ich damit sagen wollte, ist eigentlich nur, daß ich aus Erfahrung weiß, daß man irgendwann anfängt, eigene Vorstellungen vom eigenen Zimmer zu haben. Aber Hanna, du wirst hoffentlich einsehen, daß wir deine Möbel nicht von heute auf morgen rauswerfen können. Ich mache dir einen Vorschlag. Du gehst demnächst mal mit Mutti in ein Möbelgeschäft, und ihr schaut euch Betten, Regale, Schreibtische und Lampen an. Über irgendeines von diesen Dingen können wir dann miteinander reden.«

»Hubert, wie kannst du ihr einen so unvernünftigen Vorschlag machen«, sagte Mutti ungehalten. »Wenn wir anfangen, einzelne Möbelstücke auszutauschen, bleibt am Ende nur noch ein zusammengewürfeltes Etwas übrig. Das ist doch erst recht nichts! Und weißt du eigentlich, was Möbel heute kosten?«

»Könntest du nicht auch mitgehen?« bat ich Vati. »Morgen ist Samstag, da hättest du doch Zeit!«

Er nickte, und zu Mutti sagte er: »Gut, ich gehe auch mit. Ansehen können wir es uns ja, und Ansehen ist umsonst.«

Am folgenden Nachmittag, glücklicherweise war langer Einkaufssamstag, fuhren wir gleich nach dem Mittagessen los. Im Möbelgeschäft Stetter kennt man Vati, und Herr Stetter schickte gleich, nachdem er uns persönlich begrüßt hatte, seinen ersten Verkäufer, der sich um uns kümmern sollte.

»Etwas Neues für das Töchterchen?« fragte der und lächelte dabei so übertrieben schmalzig, daß ich ihn auf Anhieb nicht ausstehen konnte. »Unsere Jugendzimmerabteilung ist im ersten Stock. Wenn Sie mir bitte folgen wollen? Ich darf vorausgehen? Danke!«

Die Jugendzimmer in der Jugendzimmerabteilung bei Stetter waren genauso, wie ich sie mir vorgestellt hatte. Ein Bett, ein Schrank, ein Schreibtisch, ein Regal, fertig, aus, das kannte ich schon, das hatte ich selbst daheim. Wir gingen durch mehrere Zimmer. Vati sah mich ab und zu an, und ich schüttelte bloß immer wieder den Kopf.

Mit einem Mal blieb der Verkäufer stehen. »Dies ist unser schönstes Mädchenzimmer«, flötete er, und dabei zog er mit dem Arm einen Bogen, als wäre er ein Schloßführer. »Es heißt ›Contessa‹. Nicht gerade billig, mehr für großzügige Väter, die der Tochter etwas Besonderes bieten können. Erstklassig in der Verarbeitung, das ist noch Qualität, Herr Bausch, und dabei nach italienischem Vorbild besonders schick in der Gestaltung, das werden Sie sicher sofort bemerkt haben, gnädige Frau. Betrachten Sie nur den großen Kristallspiegel mit dem entzückenden Rahmen, oder hier, im Regal, die Abstellflächen für Stereoanlage und Boxen, die Schallplattenfächer, die Einteilung für Cassettenrecorder und Cassetten, die Schmuckschublade und so weiter. Da wurde an alles gedacht! Dieses Fach hier kann die erste kleine Bar aufnehmen, kann aber auch als Kosmetikschrank genutzt werden. Nun ja –«, er hüstelte gekünstelt, »vielleicht noch etwas früh in diesem Fall, aber aus Kindern werden ja eines Tages Leute, nicht wahr? Ich kann Ihnen versichern, dieses Zimmer ist genau das, was sich junge Damen heute erträumen . . .«

Er schwätzte und quatschte, daß einem die Ohren wehtaten, und ansonsten war alles wie gehabt, mich fragte keiner. Als ich das Gesäusel und Gequassel nicht mehr länger aushalten konnte, ging ich einfach allein weiter, ohne mich um Muttis strafende Blicke zu kümmern. »Johanna!« rief sie mir nach, aber da war ich schon um die Ecke und tat so, als ob ich nichts gehört hätte. Schließlich kamen sie hinter mir her, und ich hörte, wie der Verkäufer ganz ölig auf Mutti einredete. »Mädchen in diesem etwas problematischen Alter haben ihren eigenen Kopf und ihre eigenen Vorstellungen. Glauben Sie mir, gnädige Frau, niemand weiß das so gut wie wir . . .«

Als wir wieder ins Erdgeschoß hinunterstiegen, sah ich an der Wand einen Pfeil mit der Aufschrift »Stilmöbel«, und hinter der Kasse begann dann diese Abteilung, unter der ich mir bis dahin gar nichts hatte vorstellen können. Aber sobald ich das erste Möbelstück gesehen hatte, wußte ich, was Stilmöbel sind.

Ich sah einen Schreibschrank, und nachdem ich, was diese Sorte Schreibschränke angeht, schon beinahe so etwas wie eine Fachfrau war, ging ich hin, um ihn von allen Seiten zu betrachten. Da fehlten weder Griffe noch Füße, Scharniere und Oberfläche waren tadellos in Ordnung, und keiner hatte je die Ecken mit einem Beil traktiert. Ich schloß die Platte auf und begutachtete die kleinen Schubladen dahinter. Nichts an diesem Schrank war kaputt, abgesplittert, stumpf oder rissig. Er war glänzend braun, zum Immer-wieder-Anfassen schön, das reinste Schmuckstück.

»Vati, diesen Schreibschrank hätte ich gerne«, sagte ich, als meine Eltern mich eingeholt hatten. Der Verkäufer machte einen etwas verwirrten Eindruck. »Olala, Ihr Fräulein Tochter hat einen exklusiven Geschmack. Nein, wirklich, das ist außergewöhnlich! Ich muß Ihnen gestehen, Herr Bausch, in meiner langjährigen Praxis ist mir ähnliches noch nie vorgekommen. Aber warum eigentlich nicht, guter Geschmack bildet sich ja schon relativ früh, nicht wahr?«

»Was kostet der Schrank?« fragte Vati knapp.

Der Verkäufer zögerte. »Bei guten Kunden sind wir natürlich zu einem gewissen Entgegenkommen bereit, Herr Bausch. Wir sind immer bemüht, unsere Kunden zufriedenzustellen . . .«

»Hmhm. Und was kostet der Schrank?«

»Ja, also, für Sie, Herr Bausch, neuntausendfünfhundert.«

Mutti zog die Luft ein, daß es beinahe zischte. Ich glaube, mir stand der Mund offen, und Vati sah ziemlich ratlos aus.

»Bißchen viel, Hanna, meinst du nicht auch?«

Ich hatte Vati zugezwinkert, und nach fünf Minuten waren wir endlich draußen. Mutti sagte während der Heimfahrt kaum ein Wort. Nur einmal hörte ich sie murmeln: »Neuntausendfünfhundert, dafür kann man eine komplette Einbauküche mit einigen Extras kaufen!«

»Wie kommst du nur auf einen Schreibschrank?« fragte Vati, als wir später beim Kaffeetrinken saßen, »einen Schrank für fast zehntausend Mark!«

»Ich will doch gar keinen so teuren Schrank wie den bei Stetter!«

»Sondern?«

»Einen anderen. Einen, der zwar so ähnlich aussieht, aber lang nicht mehr so gut erhalten ist und der deswegen auch bestimmt viel billiger sein dürfte.«

»So? Und wo gibt es einen solchen Schreibschrank?«

»Herr Silberberg hat einen.«

»Aha! Das habe ich mir doch beinahe gedacht«, rief Mutti aufgebracht. »Nun ist mir alles klar. Der Silberberg hat ihr den Floh ins Ohr gesetzt! Hubert, verstehst du mich jetzt endlich? Diese Bärbel ist wirklich nicht der richtige Umgang für Johanna. Sie mag ein nettes Mädchen sein, und natürlich kann sie nichts für ihre Eltern, aber nun siehst du ja selbst, wozu diese Freundschaft mißbraucht wird. Jetzt versucht der Vater schon, seinen miesen Trödel über die Freundinnen seiner Tochter abzusetzen!«

»Das stimmt überhaupt nicht«, schrie ich zornig, »das ist nicht wahr! Herr Silberberg versucht gar nichts. Er weiß nicht einmal, daß ich den Schrank in seinem Lager gesehen habe, und er weiß auch nichts davon, daß ich ihn gerne hätte. Vielleicht verkauft er ihn nicht einmal!«

»Ruhe!« sagte Vati energisch. »Hanna, schrei bitte nicht so herum! Meinst du nicht, Gertrud, wir sollten uns die

Geschichte mit dem Schreibschrank in Silberbergs Lager erst einmal anhören? Also, Hanna, dann erzähl mal!«

Vom Studio sagte ich kein Wort, und auch nicht, warum wir eigentlich in der Scheune gewesen waren. Ich erzählte bloß, daß ich den Schrank gesehen hätte, daß Bärbel einen ähnlichen in ihrem Zimmer stehen habe und daß so ein altes Möbel tausendmal schöner sei als das ganze »Contessa«-Zimmer samt Schmuckfach, Barfach und Kristallspiegel zusammen.

»Der Schrank wäre etwas Besonderes, verstehst du, Vati? Etwas, das ich mir selbst ausgesucht hätte, und etwas, das in der Hauptsache mir gefällt.«

»Und darüber könntest du sogar das Himmelbett vergessen?«

»Könnte ich glatt.«

Als Vati seufzte, wußte ich, daß ich mir Hoffnungen machen konnte, denn wenn er so tief seufzt, als hätte er allen Kummer der Welt, dann hilft er mir meistens, etwas gegen Muttis Meinung durchzusetzen.

Gespräche mit Mutti allein sind manchmal ganz schön schwierig. Aus dem einfachsten Reden über irgendwas kann plötzlich ein Streit entstehen. Sobald ich auf meiner Meinung bestehe und diese Meinung ist nicht die von Mutti, geht es los. Erst wird sie laut, dann schimpft sie, daß ich frech oder unverschämt sei, und manchmal endet es sogar mit einer Ohrfeige. Ich habe mir schon oft gewünscht, daß sie mal bei uns in der Deutschstunde dabei wäre, wenn der Ströml mit uns diskutiert. Da würde sie lernen, daß man den anderen ausreden lassen muß und daß man nicht mit Ohrfeigen überzeugt, sondern mit besseren Argumenten. Der Ströml sagt auch: »Nicht wer lauter reden kann, hat recht.« Und außerdem predigt er uns immer wieder, daß man die Meinung des anderen auch gelten lassen muß, wenn sie völlig anders ist als die eigene, und daß man über die andere Meinung nachdenken sollte, weil es ja sein kann, daß man sich selbst geirrt hat. Und ich denke, daß ich das alles begriffen habe, bloß zu Hause nützt mir das gar nichts.

Mutti läßt meine Meinung leider nicht gelten. Sie wischt sie beiseite wie etwas ziemlich Unwichtiges. Aber ihre Meinung soll ich schon wichtig nehmen, da soll ich nicht dran herumwischen, weil das, was sie meint, richtig ist und für immer und ewig gilt. Mutti kommt nicht auf den Gedanken, sie selbst könnte sich geirrt haben. Mir gegenüber ist sie immer ganz sicher. Sie gibt höchstens nach, wenn Vati sich einschaltet, und dann erklärt sie ihr Nachgeben immer mit »wider besseres Wissen«.

»Vati ist der Ansicht, daß du den alten Schreibschrank von Herrn Silberberg haben kannst«, hatte sie ein paar Tage nach unserer Tour im Möbelhaus Stetter gesagt. »Ich bin zwar anderer Meinung, aber ich habe wider besseres Wissen zugestimmt.«

Dieses Nachgeben finde ich irgendwie auch nicht ganz richtig. Ich meine, nachgeben ist nachgeben, und damit sollte es gut sein. Aber Mutti muß mir ihr Nachgeben immer noch mal auftischen, und wenn sonst jemand »wider besseres Wissen« sagt, könnte ich schon steil die Decke hochgehen.

Zwei Wochen später hatte ich meinen Schreibschrank. Herr Silberberg hatte ein paar Reparaturen vorgenommen und ihn uns dann zum »freundschaftlichen Tochterpreis«, wie er sagte, von hundert Mark verkauft. Mein Schrank hatte wieder vier Füße, zwei neue Scharniere an der Schreibplatte, und Herr Silberberg hatte sogar versucht, hier und da die Oberflächen zu glätten.

Besonders schön war der Schrank rein äußerlich nicht, vor allem nicht, wenn man an das Schmuckstück bei Stetter dachte, ich mußte es zugeben; aber so furchtbar schrecklich, wie Mutti ihn fand, als sie ihn zum ersten Mal sah, war er auch wieder nicht. »Um Himmels willen, so eine schäbige Kiste!« hatte sie entsetzt gesagt. »Den soll ich in meine Wohnung nehmen? Der taugt doch höchstens noch als Kaninchenstall!«

Bärbel, die kurz darauf kam, um zu sehen, wie sich der Schrank in meinem Zimmer ausnimmt, machte mich noch auf etwas aufmerksam. Sie zog eine der kleinen Schubladen heraus und zeigte mir, daß sich darin Holzmehl angesammelt hatte.

»Da ist der Holzwurm drin«, erklärte sie mit Kennermiene. »Es gibt ein gutes Mittel zum Einpinseln. Ich habe es dir mitgebracht. Je ein Tropfen auf ein Holzwurmloch, dann hört das mit dem Mehl bald auf. Und hier, die kleine Lade, die läßt sich überhaupt nicht herausziehen. Da hat sich im Lauf der Zeit das Holz verzogen. Am besten, du sagst deiner Mutter nichts davon, daß der Schrank die eine oder andere Macke hat.«

Mutti machte mir einen Tag später den Vorschlag, quer durch mein Zimmer einen langen Vorhang, von der Decke bis zum Fußboden, anzubringen, um sozusagen den Schlafteil meines Zimmers vom Wohnteil zu trennen. Natürlich tat sie das nur, damit die »schäbige Kiste« nicht gleich von der Tür her zu sehen war. Aber weil der gelbe Vorhang ein bißchen wie der Eingang zu einem vornehmen Wüstenzelt aussah, in dem vielleicht die Lieblingstochter des Kalifen von Tausendundeiner Nacht wohnte, hatte ich nichts dagegen.

Jetzt hatte sich mein Zimmer doch entscheidend verändert. Stinknormal und zum Pesten langweilig war es nicht mehr.

Das fünfte Kapitel
handelt von Anhängern,
aber auch von Problemen,
die Bärbel mit dem Schreiben
und die sanfte Alicia
mit dem schuftigen Moritz hat

Jeden Morgen, vor dem Frühstück, suche ich mir aus meinem Schmuckkasten einen für die nächsten Stunden passenden Anhänger aus. Ich habe eine ganze Menge. Manche passen zu einem Tag, an dem wir eine Mathearbeit schreiben oder wenn ich zum Zahnarzt muß, andere sind genau richtig, wenn ich zu einer Geburtstagsfeier eingeladen bin. Wenn ich mit einem Anhänger, den Mutti oder Vati mir geschenkt haben, zum Frühstück erscheine, sagt niemand etwas. Aber wenn ich einen von denen trage, die ich mir selbst gemacht oder ausgesucht habe, dann gibt es fast jedesmal einen mittleren Aufstand. Einmal hatte ich mir am Flohmarkt einen wunderschönen gelblich-weißen Löffel gekauft, erstens, weil er so zierlich aussah, und zweitens, weil er am Stielende ein Loch hatte, so daß man einen Faden durchziehen konnte. Am nächsten Morgen zog ich meinen dunkelblauen Pulli an, und der weiße Löffelanhänger sah wirklich wahnsinnig gut darauf aus.

Als ich damit ins Eßzimmer kam, fiel Mutti beinahe das Frühstücksgeschirr aus der Hand.

»Was willst du denn mit einem Senflöffel um den Hals? Leg bitte sofort das Ding ab. Das ist ja schauderhaft! Wo hast du das überhaupt her?«

»Vom Flohmarkt.«

»Da bin ich wirklich froh, daß du am Flohmarkt nicht einen alten Mühlstein entdeckt hast, der hat nämlich auch ein Loch in der Mitte. Mußt du dich eigentlich immer mit so unmöglichen Dingen behängen?«

Um des lieben Friedens willen nahm ich meinen Senflöffel ab und verstaute ihn in meiner Rocktasche. Als ich ein paar Schritte vom Haus weg war, legte ich ihn wieder an, und es kam genauso, wie ich es mir gedacht hatte, mein Anhänger war das Klassengespräch in der großen Pause. Cora Wiensberg erzählte ich, daß der Löffel aus Elfenbein wäre und zwar aus der besseren Sorte Elfenbein, was man an den bräunlichen Rändern erkennen könne. Und als sie fragte, woher ich ihn hätte, flunkerte ich ihr vor, daß mein Vater, der ja in der Bankbranche sei, ihn von einem indischen Sparkassendirektor bekommen habe, sozusagen als kleine Aufmerksamkeit unter Kollegen. Ich trug ziemlich dick auf, und manchmal sah sie mich recht zweifelnd an, aber auf jeden Fall war es ein schöner Spaß, und Bärbel und ich nennen diesen Anhänger seitdem nie anders als den »indischen Löffel«.

Daß Anhängertragen eine lustige Sache ist, hat Bärbel erst durch mich erfahren. Vorher trug sie keine und besaß auch keine. In der Zwischenzeit hat sie schon einige von mir bekommen, und ab und zu bastle ich für sie ein ganz ungewöhnliches Stück, das ich ihr dann bei besonderer Gelegenheit schenke.

So hatte ich einmal eine Garnöse zwischen zwei große Schokoladentaler geklebt, und als Bärbel diesen Anhänger trug, sah es zumindest von weitem so aus, als hätte sie ein Riesengoldstück um den Hals hängen.

Dafür, daß sie mir bei meinem Schreibschrank so geholfen hatte, wollte ich mich ebenfalls mit einem Anhänger bedanken. Aus Knetmasse formte ich ein großes »B«, brannte es im Backofen, und da dieses »B« einer Brezel nicht unähnlich war, bemalte ich es mit einem mittleren Braun und lackierte es. Weil mir der Anhänger so gut geraten war und direkt zum

Anbeißen knackig aussah, machte ich mich gleich am Nachmittag auf den Weg, um ihn ihr zu bringen.

»In ihrem Zimmer ist sie nicht«, sagte Frau Silberberg, als ich sie nach Bärbel fragte. »Wahrscheinlich sitzt sie hinten im Garten.«

Natürlich saß Bärbel nicht hinten im Garten, sondern oben in ihrem Studio. Sie fuhr hoch, als ich das Scheunentor öffnete.

»Hast du mich erschreckt«, sagte sie zur Begrüßung.

»Wieso? Habe ich dich gerade bei irgendwelchen tollen Formulierungen gestört?«

»Ach, von wegen toll. Den ganzen Nachmittag suche ich schon nach einem schönen, ausgefallenen, irrsinnig ungewöhnlichen Wort. Aber leider ist mir keins eingefallen.«

»Schlimm, schlimm!«

»Du brauchst gar nicht zu spotten. Das ist doch schlimm. Dabei hatte ich mir von meiner Schönen-Worte-Liste so viel versprochen!« Sie seufzte tief und nuckelte an dem Glas Milch, das vor ihr neben dem leeren Schreibblock stand.

»Hast du außer Hexengalle noch nichts weiter auf deiner Liste?«

»Doch. Ein Wort habe ich. Aber eben nur eins. Es ist mir letzte Woche eingefallen. Hör zu, was tut der Wind?«

»Na, er bläst, würde ich sagen.«

»Nein, einen so starken Wind meine ich nicht. Was tut ein schwächerer?«

»Ömm, der weht. Oder nicht?«

»Ein noch schwächerer, Anna! Was macht ein noch schwächerer Wind?«

»Keine Ahnung. Oder doch, warte mal, ein ganz sanfter Wind haucht.«

»Nicht schlecht, du machst dich! Und was würdest du sagen, was ein Wind tut, der so zwischendrin ist, ich meine, so zwischen wehen und hauchen?«

»Ich weiß es nicht. Komm, sag's schon!«

»So ein Wind fftet!«

»Was?«

»Ja, so ein Wind fftet. Wirklich! Paß auf, es war so: Ich saß hier an meinem Tisch im Studio, als plötzlich etwas Wind aufkam. So ganz leicht, kaum spürbar, verstehst du? Er fuhr durch den Spalt, der zwischen der Plastikfolie und der Mauer an meinem selbstvergrößerten Fenster klafft, und die Folie hat dabei ein wenig geflattert. Und da plötzlich hatte ich das Wort. Fften! Gefällt es dir? Ich ffte, du fftest, er, sie, es fftet, wir fften, ihr fftet, sie fften. Das Imperfekt heißt ich fftete, das Futur ich werde fften, na, und so weiter. Das Substantiv heißt natürlich: das Fften.«

Ich mußte lachen. »Fften! Ein richtig schön-ulkiges Wort. Mir gefällt es!«

»Ja, mir auch. Aber wenn mir bloß alle zwei oder drei Wochen ein neues Wort einfällt, dann wird das nichts. Dann dauert das alles viel zu lange.«

»Und was jetzt?«

»Darum habe ich jetzt einen Entschluß gefaßt. Heute nachmittag, genauer gesagt. Ich werde nicht nur darauf warten, daß mir schöne-ulkige-irrsinnige-neue Worte einfallen, und ich werde nicht nur darauf warten, daß mir spannende-listige-traurige-originelle Geschichten einfallen. Ich werde eben auch Menschen und Dinge beschreiben, die ich sehen und beobachten kann. So eine Art Bericht oder Beschreibung, verstehst du, damit ich ständig in Übung bin. Und weißt du, womit ich anfange? Gestern kam unser Sommergast, ein ganz Neuer, der noch nie bei uns war. Meinem Vater hat er erzählt, daß ihn unser Haus schon von weitem interessiert hätte und daß er es, aus der Nähe betrachtet, entzückend fände. In unserem Haus, auch wenn das Zimmer nicht so komfortabel sei, würde er viel lieber wohnen als in einem

Hotelzimmer in der Stadt. Später hat er noch gesagt, daß Naturkunde oder Vogelkunde sein Hobby sei und daß er im Urlaub immer lange Spaziergänge mache und sogar Vogelwanderungen, bei denen man bereits nachts um drei Uhr aufstehen muß.«

»Und was hat das alles mit deiner Schreiberei zu tun?«

»Sehr viel, ich sage es doch. Ich werde diesen Herrn Kraus beschreiben. So, wie er aussieht, wie er redet, geht, lacht, einfach alles. Wenn ich damit fertig bin, lese ich dir meine Beschreibung vor, und du mußt mir dann sagen, ob du ihn nach dieser Beschreibung erkannt hättest oder nicht. Für mich ist das sozusagen die Kontrolle, ob ich gut beobachtet habe.«

»Wenn's weiter nichts ist, an mir soll's nicht liegen.«

»Und dann habe ich mir noch etwas vorgenommen. Etwas viel, viel Tolleres als eine Personenbeschreibung. Ach, das rätst du nie! Ich werde – halt dich fest, Anna! – ich werde die Geschichte der Alicia von Pisch-Buchtel schreiben.«

»Nein!«

»Doch! Ich werde die Geschichte neu erzählen. Die Namen bleiben, der Ort der Handlung, unser Schloß; aber alles andere wird Original Bärbel Silberberg!«

Ich sah sie mit zunehmender Bewunderung an. Jetzt war die Geschichte schon mehrere hundert Jahre alt, aber erst Bärbel war auf die Idee gekommen, sie neu zu erzählen und aufzuschreiben. Das war wirklich viel toller als die Personenbeschreibung des Herrn Kraus!

»Die Überlieferung sagt ja nicht viel mehr, als daß Alicia sehr schön gewesen sein soll und daß sie ihren Friedrich liebte«, fuhr Bärbel fort. »Ist das nicht ein bißchen wenig? Was tat sie und dachte sie sonst noch? Aus was für einer Familie kam sie? Hatte sie vielleicht eine jüngere oder eine ältere Schwester, die den Friedrich auch interessant fand? Und wenn ja, warum? Du verstehst, was ich meine? Ich will die Geschichte ausschmücken, und die Personen sollen richtig lebendig erscheinen. Nachdem wir sie schon so oft gespielt haben, sehe ich Alicia direkt vor mir. Sie hat lange schwarze Locken –«

»Das stimmt nicht. Sie hat blonde!«

»Bei dir vielleicht. In meiner Vorstellung ist sie schwarz wie Schneewittchen.« Ich schüttelte protestierend den Kopf.

»Hast du damit schon angefangen?«

»Mit dem Schreiben noch nicht, aber mit dem Nachdenken. Meine Geschichte beginnt damit, daß Alicia und ihre Mutter beim Nachmittagskaffee sitzen. Alicia trägt ein weißes Kleid, das wunderbar zu ihrem schwarzen Haar und ihren blauen Augen paßt...«

»Nein, nicht so kitschig, das klingt ja wirklich wie Schneewittchen!«

»Das ist kein Kitsch, damit will ich doch nur klarmachen, wie schön sie ist. Willst du vielleicht behaupten, daß Schneewittchen nicht schön war?«

»Also gut, und weiter?«

»Plötzlich kommt die Dienerin herein und meldet, daß ein Offizier draußen steht, der den Damen guten Tag sagen möchte. Der Offizier ist natürlich Friedrich. Und zur Strafe sage ich dir jetzt nicht, was er anhat! Während die Mutter der Dienerin befiehlt, daß sie noch eine Tasse Kaffee aufbrühen soll, sehen sich Alicia und Friedrich an und verlieben sich ineinander. Die Mutter meint, daß sie den Kaffee doch lieber selbst machen will, weil er sonst vielleicht zu dünn wird, und geht hinaus. In den Minuten, da sie nicht im Zimmer ist, gesteht Friedrich seine Liebe.«

»So schnell? Geht das nicht ein bißchen zu fix?«

»Er muß doch gleich wieder fort, in den Krieg, da geht es eben etwas hopplahopp.«

»Hm, wenn du meinst . . .«

»Und dann ist mir noch was sehr Dramatisches eingefallen! Später, als Alicia ihrem Friedrich nachreist, wird sie unterwegs gefangengenommen. Von einem anderen Offizier, der früher mal Friedrichs Freund gewesen und ebenfalls sehr in Alicia verknallt war. Aber als Alicia nur Augen für Friedrich hat, wird er wütend und schwört furchtbare Rache. Als er Alicia gefangen hat, besitzt er gerade noch fünf Mark oder so, weil er sein ganzes Vermögen verspielt oder verwettet hat, und da kommt ihm eine besonders fiese Idee. Er zwingt sie, Friedrich einen Brief zu schreiben, daß er sofort tausend Goldstücke schicken soll, falls er sie noch jemals wiedersehen möchte.«

»Aha! Kidnapping und Erpressung, was? Ja, das macht die Sache spannend, damit kommt Schwung rein. Du, das ist echt viel besser als ewig nur Liebesschmalz.«

»Nicht wahr?« Bärbel freute sich. »Weißt du vielleicht einen passenden Namen für den Kidnapper?«

»Wie wär's mit Eduard?«

»Eduard? Nein, nein, Eduard geht auf keinen Fall. Bei Eduard denkt man gleich an ›Eduard der Schurke‹ oder ›Eduard der Gangster‹. Wenn einer so heißt, vermuten die Leser gleich, daß mit dem irgendwas nicht ganz stimmen wird. Man soll es doch nicht so schnell merken.«

»Wie wäre es denn mit Willibald? Oder mit Kunibert, Eberhard, Kaspar oder Hildebrand? Jetzt fällt mir noch einer ein, Moritz!«

»Moritz! Das ist es, ja, so heißt der Schuft! Ich weiß schon, wie er sein muß. Er ist groß, mindestens einsfünfundachtzig, hat braunes Kräuselhaar, sieht phantastisch gut aus, aber leider gehört er zu den Typen, die außen hui und innen pfui sind. Charakterlich, meine ich natürlich. Hör mal, hast du noch etwas Zeit? Wollen wir die Szene einmal spielen, in

der Alicia von Moritz zum Briefschreiben gezwungen wird?«
Ich nickte vergnügt.

»Aber diesmal bitte ohne deine verrückten Geräusche! Ich bin also der Moritz, der die gefangene Alicia in ihrem düsteren Verlies besucht. Sie weiß nicht, wer ich bin, und außerdem bin ich so dick vermummt, daß sie mich nicht erkennen kann. Ich komme mit einem Dolch in der Hand die Treppe herunter, sperre die schwere Kerkertür auf und schaue erbarmungslos auf Alicia, die auf feuchtem Stroh sitzt. Es ist eine todernste, erschütternde Szene. Jetzt mach schon, setz dich hin und schmachte!«

»Wieso schmachten?«

»Gefangene schmachten immer, wenn sie in düsteren Verliesen auf feuchtem Stroh sitzen müssen.«

»Also gut.« Ich setzte mich so auf den Bretterboden, daß ich dem hereinkommenden Moritz den Rücken zudrehte, lehnte mich an den Treppenpfosten, schloß die Augen und wartete.

»Nun, schöne Alicia?« bellte Bärbel als Moritz, und es klang so höhnisch-böse, daß ich herumfuhr. Bärbel hatte ihre Hand um das Ende eines Bleistiftes gekrampft und hielt ihn drohend wie einen Dolch. »Erhebt Euch!«

»Wer seid Ihr?« hauchte ich erschrocken. »Seid Ihr gekommen, mich zu töten? Mich, die nie einem Menschen Böses tat?«

Bärbel nickte mir begeistert zu, anscheinend sagte ich genau das, was zu dieser »erschütternden Szene« paßte.

»Genug der leeren Worte«, herrschte Moritz die sanfte Alicia an. »Hier nehmt Papier und Feder. Schreibt!« Bärbel stieß mir grob Papier und Kuli mit dem Fuß zu. Doch Alicia war standhaft. Mutig schüttelte ich den Kopf. Da griff Moritz nach dem Wasserkrug der Gefangenen, der einem Milchglas nicht unähnlich war, und zerschmetterte ihn an der Wand.

»Mein Wasserkrug!« ächzte ich, »Ihr wagt es –«

»Nicht nur um Wasser sollt Ihr flehn«, zischte Moritz, »und schreibt Ihr nicht, dann geht's um Euer Leben!«

Ich nahm den Kuli mit flattrigen Fingern. »Ach, all mein Glück hat mich verlassen«, jammerte ich, »mein guter Stern hat sich entfernt. Die armen Eltern, wenn sie's wüßten . . .«

Moritz stampfte wütend auf. »Jetzt schreibt: Mein lieber Friedrich, ich befinde mich in der Gewalt Eures Feindes. Schickt sofort einen Boten mit tausend Dukaten, sonst sehen wir uns nie wieder. Eure Euch innig liebende, aber jetzt völlig verzweifelte Alicia.«

Ich kritzelte das Papier voll und sah Moritz, den schuftigen Erpresser, verachtungsvoll an. »Wer seid Ihr, daß Ihr mich zu solchen Taten zwingt? Welch dunkler Abgrund herrscht in Eurer Seele? Ich glaube, Euer Herz ist wie ein finst'res Loch!«

Bärbel kicherte unterdrückt über das »finst're Loch«, aber dann riß sie mir den Brief aus der Hand, wedelte triumphierend damit herum und ließ ein schauriges Gelächter hören, wobei sie wie Rumpelstilzchen von einem Bein aufs andere hüpfte.

Alicia saß einen Augenblick wie erstarrt da, und dann flüsterte sie entgeistert: »Oh, jetzt erkenn' ich Euch. Mit diesem Hüpfen habt Ihr Euch verraten. So sprang nur einer, wie ich's oft gesehen. Der Moritz, einst meines Friedrich bester Freund! Sagt, kann das sein? Kann sich ein Freundesherz so sehr ins Gegenteil verkehren?«

Moritz ließ noch einmal sein höhnisches Gelächter los, in Alicias Gefängniskeller mußte sich das wirklich schrecklich angehört haben, und dann sank Bärbel atemlos neben mir auf den Boden.

»Anna, das war super-hyper-stark! Das war das Beste, was wir jemals miteinander gespielt haben. Das klang, wie längst schon irgendwo gedruckt, als hätte es ein berühmter Dichter geschrieben. Einfach phantastisch! Und wie du gespielt hast,

Anna, du könntest Schauspielerin werden. Hach, ich bin einfach hingerissen! Wie war der Satz mit dem Hüpfen? Sag's noch einmal, ich glaube, so gut hätte ich den nicht hingekriegt.«

»Mit diesem Hüpfen habt Ihr Euch verraten. So sprang nur einer, wie ich's oft gesehn . . .«

»Großartig«, Bärbel gluckste vor Begeisterung, »daran ist nichts zu verbessern. Das schreibe ich mir auf. Du hast doch wohl nichts dagegen?«

»Nein. Und du meinst wirklich, daß ich Schauspielerin werden könnte?«

»Unbedingt! Das liegt dir viel mehr als Toningenieur!«

Ich nickte zufrieden. Der Gedanke gefiel mir auch.

»Ich glaube, ich weiß jetzt, was ich später werden will«, sagte ich beim Abendessen.

»Tatsächlich?«, sagte Vati, »dann laß mich raten: Stewardess?«

»Nein.«

»Mannequin?«

»So falsch wie nur was!«

»Dann geb ich's auf. Gertrud, kannst du dir vorstellen, was Hanna später werden möchte?«

»Ja, das kann ich mir vorstellen, Ärztin!«

»Kalt, kalt.«

»Apothekerin oder Historikerin?«

»Eiskalt.«

»Juristin vielleicht? Oder Sprachwissenschaftlerin?«

»Kälter als am kältesten Nordpol. Ihr könnt es aufgeben, ihr seid beide auf dem Holzweg. Ich will Schauspielerin werden! Ja, Schauspielerin, und ich habe es mir schon genau überlegt. Erst mache ich das Abitur, dann gehe ich auf die Schauspielschule, und dann werde ich auf der Bühne stehen und spielen und spielen, so gut, daß die Zuschauer am Ende vom Bravoschreien heiser sind und mir körbeweise Blumen zuwerfen!«

Vati schmunzelte. »Du scheinst dir das wirklich schon gut vorstellen zu können. Schauspielerin, also? Hm, du wärst die erste Schauspielerin, die wir in der Familie hätten. Was hältst du davon, Gertrud?«

»Nicht sehr viel. Schauspielerin? Was für ein Unsinn! Aber es ist auch weiter nicht tragisch, denn bis sie das Abitur hat, wird sich ihre Meinung noch zigmal ändern.«

Ich hätte schreien können. Nie nahm sie mich ernst. Nie, egal, was ich auch sagte. Immer war ich die kleine Doofe, die dumme Ideen hatte, über die man nicht weiter nachzudenken brauchte. Und dann schrie ich wirklich: »Ich werde meine Meinung nicht ändern! Ich will Schauspielerin werden und ich werde es auch! Und Bärbel hat auch gesagt, daß ich toll begabt wäre, weil ich die Alicia so gut spielen kann. Du sollst mich endlich ernstnehmen!«

»Aber Hanna, Mutti meinte doch nur –«

»Sie hat gesagt, Schauspielerin wäre Unsinn. Alles, was ich sage, ist Unsinn, Blödsinn, Quatsch, Kleinkindergebrabbel. Und ich werde doch Schauspielerin, sie wird es schon sehen, ich werde Schauspielerin!«

»Brüll gefälligst hier nicht so herum!« sagte Mutti in schneidendem Ton. »Solange du dich so kindisch benimmst, muß man dich auch wie ein Kind behandeln!«

Auch Vati fand ihren Ton eigenartig. »Gertrud –« Aber da war sie schon aufgestanden und ließ ihn nicht weiterreden. Sie sah sehr blaß aus. »Ich glaube, ich muß mich hinlegen. Ich fühle mich gar nicht wohl.«

Daß Mutti, wenn es um Berufe geht, so reagiert, hat sicher damit zu tun, daß sie ihre Ausbildung nicht beendet hat und daß sie das jetzt bereut. Einmal, als meine Eltern Streit hatten, hörte ich, wie Mutti rief: »Natürlich, natürlich, ich kann das nicht verstehen! Ich bin ja auch bloß eine stumpfsinnige Hausfrau. Für den Hausfrauenclub reicht's ja gerade noch, aber für alles andere bin ich wohl deiner Meinung nach zu dumm . . .«

Zu mir sagte sie darüber zwar nichts, aber ich merke es an anderen Dingen, für wie wichtig sie jetzt eine abgeschlossene Berufsausbildung hält. Damals beispielsweise, als ich ihr erzählte, daß Bibianes ältere Schwester, die ständig in der Disco rumhing, jetzt von der Schule abginge, weil es ihr endgültig reiche, weil sie keine Lust mehr hätte und weil sich die Lehrer für ihre schlechten Noten auch mal jemand anderen suchen sollten; damit hatte ich mir eine ganze Woche Belehrung eingehandelt. Jeden Nachmittag fing Mutti aufs neue damit an, daß man sich nicht aus Faulheit, und weil man den Weg des geringsten Widerstandes gehen wollte, solche Chancen verbauen dürfe. »Sicher hätte sie es noch geschafft, wenn sie sich dementsprechend Mühe gegeben hätte«, meinte sie. »Wollen muß man natürlich!«

Dieses Wollen, Mühegeben und Schaffenmüssen ist auch so eine Sache. Jedenfalls glaubt Mutti, daß in dieser Reihenfolge so ziemlich alles zu machen ist. Bei Vati muß es ähnlich gewesen sein. Zuerst war er ein kleiner Angestellter, und jedesmal, wenn irgendwelche Fortbildungskurse angeboten wurden, drängte Mutti ihn, daran teilzunehmen. Es machte sie sehr stolz, daß er in jeder Prüfung unter den Besten war und daß er sich im Lauf der Zeit zum Abteilungsleiter und schließlich zum Filialleiter hocharbeiten konnte. Weil Mutti so ist, sage ich ihr schon lange nicht mehr, welche Arbeitsgemeinschaften es an unserer Schule gibt. Ich müßte sonst in den Chor gehen, in die Biotop-Arbeitsgemeinschaft, in den Kunstkurs, in Sportgruppen und in was weiß ich sonst noch alles. Das, was sie von ihrem eigenen Ehrgeiz noch übrig hat, versucht sie durch Vati oder mich in die Tat umzusetzen. Ich glaube, sie merkt das gar nicht, aber für Vati und mich ist das ganz schön anstrengend. Ihre Vorstellung von meinem künftigen Beruf – na, das war doch wieder mal typisch!

Aber egal ob Ärztin, Juristin oder sonstwas, sie mußte sich bei unserem Gespräch wirklich ziemlich schlecht gefühlt haben, denn die ganze darauffolgende Woche lag sie im Bett und hatte Angina. Ich kam nachmittags kaum vor die Tür, weil ich mich um sie kümmern mußte, und Bärbel sah ich bloß in der Schule. Ab und zu telefonierten wir miteinander.

»Was macht die Schriftstellerin?« fragte ich sie. »Kommst du gut voran?«

»Es geht. Unser Sommergast, der Kraus, ist leider nicht so interessant, wie ich mir das gedacht hatte. Vormittags, wenn ich in der Schule bin, sehe ich ihn ja sowieso nicht, und am Nachmittag ist er meistens unterwegs. Er leiht sich eins von Vatis Rädern aus und gondelt in der Gegend herum. An dem ist überhaupt nichts Besonderes, worüber man schreiben könnte. Der sieht normal aus, geht normal, redet normal und lacht normal.«

»Soo normal kann kein Mensch allein sein. Vielleicht hat er eine typische Handbewegung? Hat er nicht auf der Backe eine Warze oder eine Narbe auf der Stirn? Hat er vielleicht angewachsene Ohrläppchen oder zwei verschiedenfarbige Augen?«

»Nein, jedenfalls habe ich das noch nicht bemerkt. Mir ist nur eins an ihm aufgefallen: Er hat große und breite Füße, und wenn er steht, dreht er die Füße etwas nach innen, so daß sich die großen Zehen beinahe berühren. Das sieht komisch aus, irgendwie erinnert mich das an einen Jungen, der Angst hat und sich nichts traut. Deshalb habe ich ihm den Spitznamen ›Schüchtern‹ gegeben.«

»Das hört sich schon besser an. Und wie kommst du mit Alicia weiter?«

»Das macht mir natürlich viel mehr Spaß. Weil es keine nüchterne Beschreibung ist, sondern was mit Aufregung und Spannung und Gefühl. Du, ich habe über die eine Szene nachgedacht, in der sie Friedrich nach Jahren zum ersten Mal wieder sieht. Du erinnerst dich doch? Das war bei uns im Schloß. In der Überlieferung heißt es, daß sie ihn bloß ansieht, und bevor er noch einen Piep von sich gegeben hat, rennt sie schon wie verrückt aus dem Zimmer, aus dem Schloß und in den Wald hinein. Das ist doch irgendwie unverständlich, nicht? Erst hat sie sich so lange auf das Wiedersehen gefreut, und dann wartet sie nicht mal ab, bis er ›Hallo, Alicia, da bist du ja‹ oder sowas Ähnliches gesagt hat. Warum?«

»Vielleicht hat sie ihm angesehen, daß er mittlerweile verheiratet ist.«

»Woran denn?«

»Am Ehering beispielsweise.«

»Den hätte er auch dann noch tragen können, wenn er schon wieder Witwer gewesen wäre. Nein, nein, ich denke, da muß noch etwas anderes im Spiel gewesen sein. Mehr als bloß Sehen. Aber was? Und dann gibt es ja auch noch die Sache mit dem Geschenk. Nach der Überlieferung soll sie gesagt haben, daß es etwas wäre, das einmalig auf der Welt sei. Was kann sie ihm nur mitgebracht haben? Was stellst du dir darunter vor?«

»Keine Ahnung. Vielleicht einen garantiert wirkenden Zauberspruch? So nach der Art wie ›Ritschel-Ratschel-Rotschel, Schnitzel-Schnatzel-Schnotzel, hinter mir und vorder mir liegt jetzt Geld an meiner Tür‹. Wär' das was?«

»Quark! Und selbst wenn, wo ist der Spruch hingekommen? Gefunden hat man ihn nicht, und bei sich gehabt hat sie ihn auch nicht. Hat sie ihn versteckt?«

»Klar, hat sie! In dem Lavendelsäckchen, wo sie ihren fal-

schen Zopf aufzuheben pflegte. Dummerweise hat dort keiner nachgesehen.«

Bärbel schnaubte durchs Telefon. »Mit dir ist heute einfach
nicht zu reden! Was ist, gehen wir morgen nach der dritten
Stunde ein Eis essen?«

»Ja, gute Idee!«

»Mit einem kleinen Umweg vorher, nehme ich an?«

»Ja doch!«

Bärbel kicherte anzüglich, und dann legte sie auf.

Sechstes Kapitel,
in dem verraten wird,
daß Anna von Mirko begeistert ist,
Cora nicht ausstehen kann
und auch Frau Wiensberg nicht
mag

Natürlich gingen wir an einem Tag, an dem wir nur drei Stunden Schule hatten, nicht gleich nach Hause. Wir gingen allerdings auch nicht sofort zur Eisdiele, die in letzter Zeit ein richtiger Schülertreff geworden war, weil sie bei schönem Wetter Stühle ins Freie stellten und um den Brunnen herum verteilten. Wir machten einen kleinen Umweg, vorbei an den Leichtathletik-Sportanlagen hinter unserer Schule. Bärbel hatte sich beim ersten Mal gewundert, beim zweiten Mal hatte sie mich fragend angeschaut, und da sie nicht dumm ist, hatte sie beim dritten Mal Bescheid gewußt.

Ich ging gern nach der dritten Stunde dort vorbei, weil die Klasse von Julias Bruder da gerade ihre letzte Stunde Sport hatte. Julias Bruder heißt Mirko, was für meine Begriffe ein toller Name ist, so toll wie alles an ihm. Er ist groß und schlank, hat dunkles, leicht gewelltes Haar, und er schaut immer ein bißchen so, als wäre er gerade aufgewacht. So verträumt irgendwie. Bei jedem Mathematikwettbewerb macht er mit, und jedesmal ist er unter den Siegern. Am Schuljahresende bekommt er reglmäßig ein Buch für außerordentlich gute Leistungen, und im Schulorchester spielt er seit Jahren die erste Geige. Im Sport allerdings, na ja, da ist er nicht ganz so toll, und wenn man ehrlich ist, muß man sogar sagen, daß er da ausgesprochen schlecht ist.

Als Bärbel und ich langsam und »ganz zufällig« vorbeischlenderten, trainierte Mirkos Klasse Hochsprung. Aus der

Entfernung schätzte ich, daß sie eben erst mit 1,15 m angefangen hatten. In Mirkos Klasse sind ein paar ausgesprochene Leichtathletikasse, die erst bei 1,30 m zum Warmwerden mitspringen, und Mirko hat es deshalb schon doppelt schwer. Als wir näherkamen, war er an der Reihe. Er lief an, so schwerfällig, als hätte er Blei in den Knien, der Absprung war viel zu früh, zu flach und zu kraftlos. Er stieß beinahe noch mit dem Bauch an die Latte und plumpste mit ihr zusammen auf die Matte. Der Sportlehrer herrschte ihn an: »Menschenskind, reiß doch die Haxen hoch! Hier mußt du abspringen, hier!« Er zog mit der Schuhspitze einen Strich auf dem Boden. »Mann, mit deiner Beinlänge müßtest du einsachtzig schaffen! Los, noch mal, und diesmal nimm den Hintern hoch!«

Mirko lief noch einmal. Am liebsten hätte ich ihn angeschoben, und es zuckte mir in den Beinen, als er zum Sprung ansetzte. Aber das Ergebnis war das gleiche wie vorher. Katastrophal! Der Sportlehrer ließ einen Brüller los, aber der half Mirko auch nicht über die Latte. Er blieb, erschöpft und entmutigt, auf der Matte liegen und sah aus wie ein Fisch auf dem Trockenen. Zum Erbarmen.

»Wieviel hast du beim letzten Sportfest geschafft?« fragte Bärbel.

»Einssiebenundvierzig. Warum?«

»Ach, nur so. Ich wundere mich eben, wie du einen gut finden kannst, der so viel schlechter ist als du.«

»Er ist doch bloß in Sport schlechter. Sonst ist er überall eine Eins mit Stern. Und überhaupt, er hat eben andere Qualitäten!«

»Wirklich? Und woher weißt du das?«

»So fragt man die Leute aus, was? Ich weiß es nun mal!«

Wir gingen zur Eisdiele, bestellten uns zwei Milchshakes und setzten uns auf die Brunnenfassung gegenüber. Wir waren gerade fertig und hatten ein bißchen getratscht, als Mirko mit einigen Jungen aus seiner Klasse ankam. Bärbel meinte, mich darauf aufmerksam machen zu müssen, indem sie mir ihren Ellbogen kräftig in die Rippen stieß. Aber natürlich hatte ich ihn schon gesehen, als er noch auf der anderen Seite der Kreuzung gestanden hatte.

»He, Einstein«, sagte einer zu Mirko, »wir müssen doch noch deinen Sieg im letzten Mathe-Wettbewerb feiern. Los, gib mal einen aus! Einen Hawaii-Becher müßte dir das schon wert sein.«

»Solche Schlaffis«, raunte Bärbel, »selber können sie nichts, aber schnorren, das fällt denen leicht!«

Mirko lächelte und zog aus seinem T-Shirt-Ausschnitt einen ledernen Brustbeutel heraus.

»Der wird doch wohl nicht –« sagte Bärbel halblaut, und ich hatte mir eben dasselbe gedacht.

Aber Mirko hatte bereits einen Zehnmarkschein in der Hand und bestellte. »Ein bißchen blöd ist er doch«, meinte Bärbel, »da kannst du sagen, was du willst. Der läßt sich ausnehmen wie eine Weihnachtsgans!«

»Vielleicht sind es ja seine besten Freunde. Da kann er doch nicht so geizig sein!«

Mirko und die anderen Jungen nahmen ihre Hawaii-Becher und setzten sich auf die andere Seite des Brunnens. Mirko hatte ein paarmal zu mir herübergeschaut, aber so, als wäre ich aus Glas.

Er hatte mich nicht richtig bemerkt und anscheinend nicht mal erkannt, und dabei war ich doch schon ein paarmal bei Julia daheim gewesen.

»Du, der sieht dich an, als wärst du ihm letzte Nacht im Traum erschienen«, sagte Bärbel spöttisch. »Macht der immer so einen geistesabwesenden Eindruck oder ist das seine besondere Masche?«

Der Junge, der Bärbel am nächsten saß, drehte sich plötzlich zu ihr um und sah sie etwas genauer an.

»He, du bist doch auch am Luitpold-Gymnasium, oder?«

Bärbel nickte erfreut.

Der Freund von Mirko tat, als hätte er mit einem Mal eine besonders eklige Spinne oder einen häßlichen Wurm entdeckt. Er schüttelte sich richtig.

»Brrr! Männer, laßt uns mal ein Haus weitergehen. Hier tritt man überall auf Luitpold-Miezen. Da muß ein Nest in der Nähe sein!«

Die anderen lachten und johlten, nahmen ihre Taschen und zogen mit allen Zeichen des Abscheus weg. Mirko sah auch dabei wieder wie gerade aufgewacht aus, als ob er nicht kapiert hätte, worum es eigentlich ging. Und dann waren sie schließlich um die Ecke herum verschwunden.

»Das sind echt die blödesten Blödmänner, die ich mir vorstellen kann«, sagte Bärbel aus voller Überzeugung, »die sind so bescheuert wie nur was. Also, wenn du mich fragst, die sind im Kopf nicht dicht, und wenn sich dein Mirko mit denen sehen läßt, kann er auch nicht viel besser sein!«

»Er ist nicht mein Mirko«, sagte ich ärgerlich. Hätte er nicht wenigstens einmal zu mir herübernicken können? Warum tat er so, als ob er mich nie gesehen hätte?

»Na gut, dann ist er halt nicht dein Mirko. Aber ob dein Mirko oder nicht, wenn er zu dieser blöden Clique gehört, dann –«, sie sprach den Satz nicht zu Ende, aber ihr Schulterzucken sagte eine ganze Menge.

Ich machte mich auf den Heimweg. Als ich in die Körnerstraße einbog, sah ich plötzlich Mirko vor mir gehen. Ich beeilte mich so sehr ich konnte, ohne rennen zu müssen, und schließlich hatte ich ihn fast eingeholt.

»Hallo, Mirko«, rief ich atemlos.

Er drehte sich um und sah erst mal in die Luft, als ob er

erwartet hätte, daß ihn ein Vogel oder ein Pilot, vielleicht sogar ein Engel angerufen hätte.

Erst als er oben nichts entdeckte und weiter unten suchte, sah er mich.

»Ja?«

»Hallo, Mirko. Kennst du mich denn nicht mehr? Ich gehe in Julias Klasse. Ich heiße Johanna, Johanna Bausch.«

»Ja, doch, jetzt fällt es mir wieder ein!«

Als ich ihn eingeholt hatte, war er auf der Stelle stehengeblieben. Der konnte einen wahnsinnig machen! Hatte er denn auch vergessen, daß ich im Fliederweg wohnte und daß wir somit ein gutes Stück noch gemeinsam gehen konnten?

»Du könntest mir einen Gefallen tun«, sagte ich und machte zwei Schritte, um ihn zum Weitergehen aufzufordern.

»Ja?«

»Du könntest Julia sagen, daß sie mir morgen das Buch mitbringen soll, das sie mir schon so lange versprochen hat.«

»Ja.« Endlich war er zum Weitergehen entschlossen, aber von besonderem Interesse seinerseits war immer noch nichts zu merken. »Und was ist das für ein Buch?«

Das wußte ich allerdings auch nicht. Julia hatte mir nie ein Buch versprochen, und davon abgesehen, glaube ich, daß sie sowieso kaum liest. Ich sah Mirko von der Seite an. Er gefiel mir so gut, daß ich ihn am liebsten angefaßt hätte. Konnte er denn gar nichts an mir finden? Schließlich hatte ich eine richtig gute Sportlerinnenfigur, einen dicken Pferdeschwanz, herzförmige Lippen, was auch nicht jede hat, und wirklich intelligente Augen, nicht so Kuhaugen wie beispielsweise Cora. War er denn blind? Oder vielleicht doch nur blöd, wie Bärbel behauptet hatte?

»Was soll das für ein Buch sein?« wiederholte er.

»Ich weiß nicht genau, wie es heißt. Es ist ein mathematisches Buch.«

Jetzt, endlich, endlich, sah er mich mit einer Spur von Aufmerksamkeit an.

»Ein Mathebuch? Julia hat kein Mathebuch außer ihrem Schulbuch!«

»Nein? Na, so was! Vielleicht habe ich mich geirrt. Könnte es sein, daß sie ein Buch von dir gemeint hat? Ist das möglich?«

»Sicher meinte sie eins von meinen Büchern. Was interessiert dich?«

»Ach, weißt du –«, ich spürte genau, wenn ich jetzt nicht das Richtige sagte, würde sein kaum erwachtes Interesse an mir sofort wieder verfliegen. »Tja, weißt du, wir haben in Mathe den Böhm, und der erklärt so lahm, daß man einschlafen könnte. Immer wieder den gleichen Mist, hundertmal, tausendmal, für die Letzten aus der Klasse, die es immer noch nicht kapiert haben. Es ist zum Aus-der-Haut-fahren, und es langweilt mich zu Tode. Ich möchte einfach wissen, was als nächstes kommt, eben, wie es weitergeht. Verstehst du das?«

Er nickte mir gerade lebhaft zu. »Klar, das verstehe ich. Ich hatte den Böhm auch mal zwei Jahre lang. Ein Lehrer ist er ja, aber ein Mathematiker ist er nicht. Wie oft der sich an der Tafel verrechnet hat, bei den einfachsten Sachen! Schußlig, keine Konzentration, keine Genauigkeit, keine Exaktheit, nichts!«

»Genau der Eindruck, den ich auch habe«, stimmte ich ihm bei, »einfach nicht exakt genug! Wenn du also ein Buch hast –«

»Mehrere. Ich werde eins heraussuchen und es Julia geben. Wie heißt du gleich wieder?«

»Johanna«, sagte ich verstimmt.

Er merkte nichts. »Gut, hoffentlich kann ich das behalten. Also dann, tschüß!«

Er ließ mich einfach stehen, obwohl wir noch bis zur nächsten Kreuzung gemeinsam hätten gehen können, und er sah auch kein einziges Mal zurück. Also wirklich, war das ein Typ! Aber wenigstens hatte er mal mit mir gesprochen! Während ich mit möglichst großem Abstand hinter ihm herging, dachte ich darüber nach, was er über den Böhm gesagt hatte: »Ein Lehrer ist er ja, aber kein Mathematiker.« Ein bißchen überheblich klang das schon, aber verriet es nicht auch ein kritisches Urteil? Ich nahm mir vor, diese Bemerkung demnächst in einem Gespräch mit Bärbel einfließen zu lassen, als Meinung über unseren Deutschlehrer Ströml beispielsweise. »Ein Lehrer ist er ja, aber kein Literaturkenner«, oder so ähnlich. Das würde sich gut anhören, und Bärbels verblüfftes Gesicht sah ich direkt vor mir.

Als ich nach Hause kam, duftete es schon im Flur nach Pizza. Mich freute, daß Mutti wieder auf war, mich freute die Pizza, und überhaupt fühlte ich mich so aufgedreht, daß ich Mutti von Mirko erzählte.

»Die Julia in meiner Klasse, du kennst sie doch? Also, die Julia hat einen tollen Bruder!«

»So?«

»Ja. Mirko heißt er, und er ist zwei Jahre älter als wir. Der ist ein Mathematikgenie, und deshalb heißt er mit dem Spitznamen Einstein.«

»Tatsächlich?«

»Ja! Du, der gewinnt in jedem Mathe-Wettbewerb, und dann feiert er das mit seinen Freunden, indem er ihnen einen Hawaii-Becher spendiert.«

»Woher weißt du das denn?«

»Ich war dabei.«

»Du warst dabei? Willst du damit sagen, daß er dir auch einen Hawaii-Becher ausgegeben hat?«

»Nein – nein, ich habe keinen Becher gekriegt. Ich habe bloß gesehen, daß er einigen Jungen aus seiner Klasse einen spendiert hat.«

»Ach so. Das hätte mich sonst auch gewundert. Bei der Gelegenheit, Johanna: ich hoffe, du bezahlst dein Eis oder deine Cola immer vom eigenen Geld. Von einem Jungen solltest du dir das nicht bezahlen lassen. Erstens haben die auch nur ihr Taschengeld, und zweitens bist du ihm dann auch nicht verpflichtet.«

Ich zuckte nur mit den Schultern, sagte nichts und aß meine Pizza. Mutti war manchmal von vorvorgestern! Jedenfalls, wenn Mirko auf die Idee kommen sollte, mich zu einem Eisbecher einzuladen, würde ich nicht mal einen Augenblick lang überlegen!

Was Freundschaften angeht, hat Mutti ihre eigenen Ansichten. Sie sähe es am liebsten, wenn ich nicht mit Bärbel, sondern mit Cora Wiensberg befreundet wäre. Coras Vater ist Chefarzt in unserem Krankenhaus, und ihre Mutter organisiert Kunstausstellungen. Sie stellt junge, noch unbekannte Maler vor, und das Geld, das sie für ihre Ausstellungsarbeit zu bekommen hätte, überweist sie an den Verband für notleidende alte Künstler.

»Eine gute Sache, sehr sozial«, hatte Mutti einmal darüber gesagt. Irgendwie scheint ihr das sehr zu imponieren, was Coras Eltern sind und machen.

»Warum lädst du nicht auch einmal Cora ein?« fragte sie. »Sie ist doch auch in deiner Klasse.«

»In meiner Klasse gibt es noch mehr Mädchen, die ich noch nie eingeladen habe«, sagte ich trotzig, weil ich es einfach nicht mag, wenn man sich in meine Freundschaften einmischt.

»Natürlich, aber Bärbel ist ständig da, Julia manchmal und Kirsten ab und zu. Warum aber nie Cora? Schließlich kennen wir ihre Eltern, und sie selbst macht auch einen netten Eindruck. Ich könnte mir denken, daß ihr einiges gemeinsam habt.«

»Nein, wir haben gar nichts gemeinsam. Und weißt du was? Ich bin sogar froh darüber, daß es so ist. Vielleicht wirkt sie auf Erwachsene ›nett‹, wie du sagst. In Wirklichkeit ist sie aber so eingebildet und doof, daß sie den ganzen Tag schreien würde, wenn Dummheit weh täte!«

»Warum bist du nur so aggressiv? Was hast du gegen Cora?«

»Ich sagte es doch schon, ich mag sie nicht, weil sie so eingebildet und hochnäsig ist. Ewig tut sie so gekünstelt, so ›hach‹ und ›noin‹ und ›ooh‹ und ›süß‹, und alles, was ihr nicht paßt, das nennt sie ›prolo‹.«

»Wenn sie sich so übertrieben benimmt, dann hat sie wohl wenig Freundinnen?«

»Ganz im Gegenteil, sie hat viele! Die Andrea gehört dazu, Tanja, Sylvia und Nicky. Die schwirren ständig um sie herum, und weißt du wieso? Weil sie bei Cora ins Schwimmbad hüpfen dürfen und im Sommer zum Reiten mitgenommen werden. Aber Cora ist zu dämlich, um das zu kapieren.«

»Ich kann mir das gar nicht denken.«

»Es ist aber so. Cora würde gar keinen Wert darauf legen, von mir eingeladen zu werden. Weil ich sie nämlich nicht bewundere. Und jemand, der Cora nicht toll findet, um den kümmert sich Cora auch nicht. Sie will immer im Mittelpunkt stehen.«

»Wie schade. Ihr Vater, der überaus tüchtig sein soll, macht einen eher zurückhaltenden Eindruck, und auch ihre Mutter wirkt ausgesprochen sympathisch. Dennoch, Johanna, die Wiensbergs sind eine erstklassige Familie, und das Sprichwort ›Sage mir, mit wem du umgehst, und ich sage dir, wer du bist‹ gilt immer noch.«

Mir platzte der Kragen, und wie immer, wenn Mutti solche Sachen sagte, kam ich mir vor wie ein Igel, der die Stacheln aufstellt.

»Ich will keine Freundin, bloß deshalb, weil ihr Vater was

Tolles ist, und auch nicht deshalb, weil ihre Mutter was Tolles macht. Ich will eine Freundin, die ich mag, weil ich sie gut finde. Und ob ihre Familie erstklassig ist oder nicht, kratzt mich nicht die Bohne!«

Mutti war von meinem Ärger überrascht und vielleicht auch etwas beleidigt. Für sie war das Gespräch damit zu Ende. Aber bevor sie aufstand, sagte sie: »Manchmal bist du doch noch ein kleines Schaf, Johanna!«

Ich hatte damals gehofft, daß der Diskussionspunkt Cora damit ein für allemal erledigt wäre. War er aber nicht. Am Wochenende darauf hatte Coras Mutter wieder eine Kunstausstellung, und am Sonntagvormittag um elf half alles nichts, ich mußte mit. Meine Eltern waren schon öfters bei diesen Ausstellungseröffnungen gewesen, ohne daß sie mich zum Mitkommen aufgefordert hatten. Warum also diesmal? Ich machte mir so meine Gedanken, und wenn mich nicht alles täuschte, dann war das Muttis Idee und hing mit dem »kleinen Schaf« zusammen.

Ich mußte mich »dem Anlaß entsprechend« anziehen, und das hieß, den langweiligen dunkelblauen Faltenrock, eine weiße, kratzige Spitzenbluse und flache Ballerinenschuhe aus Lackleder mit kneifender Knöchelspange. Natürlich durfte ich keinen meiner Anhänger tragen, »weil wir zu einer kulturellen Veranstaltung mit Niveau gehen«, wie Mutti sagte, »und nicht zum Karneval!«

Am Ende hatte ich ein völlig verheultes Gesicht, und auch Vati fand den Aufwand übertrieben. »Dann laß sie doch zu Hause«, hatte er arglos gemeint, »du siehst doch, daß es ihr keinen Spaß macht!«

Aber da kam er bei Mutti schön an.

»Sie ist jetzt alt genug, um auch an diese Dinge herangeführt zu werden. Ich bitte dich, wir können sie doch nicht ganz verbauern lassen!« Und da dachte ich mir, daß ich mit meiner Meinung rechtgehabt hatte, daß das Mitkommenmüssen mit Cora und ihrer erstklassigen Familie zusammenhängen mußte und daß sie das »Verbauern« wahrscheinlich auf Bärbel und deren Familie bezog. Am liebsten wäre ich davongerannt!

Als wir in die Ausstellungshalle kamen, waren schon viele Leute da. Meine Eltern kannten die meisten, und überall wurde ich vorgestellt. »Wir haben heute unsere Tochter Johanna mitgebracht«, sagte Vati beispielsweise, und ständig mußte ich freundlich lächeln und Frau Sowieso und Herrn Sowiewas Händchen geben. Eine der Damen erinnerte mich an einen prächtig aufgeputzten Rauschgoldengel. Überall glitzerte und glänzte sie. Sie trug mehrere Ringe an jeder Hand, Armbänder und Armreifen, schaukelnde Ohrringe, einen dünnen Goldgürtel, mehrere Halsketten und einen auffallend schönen Anhänger, der am äußeren Fassungsrand langgezogene dünne Goldspitzen hatte, so daß er wie eine kleine Sonne aussah.

»Das finde ich großartig, liebe Frau Bausch«, sagte eine andere Besucherin zu Mutti, nachdem sie mich präsentiert hatte. »Sie machen das völlig richtig. Man muß den jungen Leuten so früh wie möglich den Weg zu Kunst und Kultur weisen. Damit sie einen Ausgleich haben. Unsere Welt ist roh genug!«

Mutti nickte lebhaft, weil sie das anscheinend auch fand, und in ihrer Begeisterung schubste sie mich weiter, bis wir schließlich bei Frau Wiensberg, Coras Mutter, angelangt waren. Frau Wiensberg trug ein langes Kleid und sah sehr elegant aus.

»Unsere Tochter Johanna, Frau Wiensberg«, sagte Mutti. »Ich glaube, sie ist mit ihrer Tochter Cora in einer Klasse, nicht wahr, Johanna?«

Es hätte nicht viel gefehlt, und mir wäre der Mund offen geblieben. Was sollte denn das? Sie wußte es doch wirklich ganz genau! Frau Wiensberg wußte es offensichtlich nicht, und es schien ihr auch nicht weiter wichtig zu sein.

»Tatsächlich?« sagte sie etwas zerstreut, als sie mir die Hand gab. »Cora ist irgendwo da drüben.« Und zu Mutti gewandt, meinte sie: »Es beeindruckt mich immer wieder, wenn ich erlebe, wie einfühlsam junge Menschen moderner Kunst gegenüberstehen. Für Cora ist es jedesmal ein aufwühlendes Erlebnis!« Mutti nickte auch diesmal, erst in Richtung von Frau Wiensberg und dann, fast vorwurfsvoll, in meine, und ich stellte bei mir fest, daß ich diese Frau Wiensberg auch nicht die Spur sympathisch finden konnte.

Als die Vorstelltour endlich zu Ende war und Mutti jemanden entdeckte, mit dem sie reden wollte, ließ sie mich stehen. Ich sah mich um. An den Wänden hingen große Bilder in düsteren Farben wie Rostrot, Dunkelgrau, Schwarzbraun, Schwarz und Tiefviolett. Was sie darstellen sollten, konnte ich nicht herausfinden, und auch nachdem ich die Titel gelesen hatte, war ich nicht schlauer. »Gruppierung vier« hießen sie beispielsweise oder »Metamorphose II«. Mir gefielen die Bilder nicht, weil sie meiner Meinung nach etwas sehr Trauriges an sich hatten. Aber als ich mich einmal ganz dicht an ein Bild heranwagte, hörte ich hinter mir ein völlig anderes Urteil. Eine Frau sagte: »Daß er sich auf wenige Farben beschränken und dennoch so viel damit ausdrücken kann, ist das nicht atemberaubend? Ein unerhört feinnerviger Künstler, wissen Sie . . .« Als sie weggegangen waren, drehte ich mich um. Es war natürlich Frau Wiensberg gewesen, die diese traurigen Bilder so atemberaubend gefunden hatte.

Und dann entdeckte ich Cora. Sie stand mit Tanja und Andrea bei einem jungen Mann, der ganz und gar nicht »dem Anlaß entsprechend« angezogen war. Er hatte ausgebeulte Jeans an, ein verwaschenes T-Shirt, Sandalen, und auf dem Kopf trug er ein buntes Häkelkäppchen. Er stach von allen so ab wie eine Distel in einem gepflegten Rosenbeet. »Das kann nur der Maler sein«, dachte ich mir und ging etwas näher heran.

Cora zeigte gerade mit ausgestreckter Hand – nicht etwa mit dem Finger, das hätte sie »prolo« gefunden – auf ein graues Bild mit olivfarbenen Kreisen und Strichen. »Ich finde dieses Bild unheimlich interessant. Können Sie mir sagen, Herr Wernicke, was es darstellt und was Sie sich dabei gedacht haben?« Sie näselte vornehm und klimperte dabei so sehr mit den Wimpern, daß es schon peinlich war.

Herr Wernicke war sehr groß und ziemlich dürr. Er sah auf Cora herab, und mir kam es vor, als würde er sie etwas spöttisch anlächeln. »Du findest das Bild interessant?« fragte er. »Tatsächlich? Na, so was! Den meisten jungen Leuten sind meine Farben zu langweilig. Was ich mir dabei gedacht habe? Ja, hm, warte mal . . . ich habe beim Malen an John Travolta gedacht, und genau ihn stellt das Bild auch dar. John Travolta von hinten, wie er gerade durch eine neblige Novembernacht davontanzt. Aber nicht weitersagen, bitte! Und jetzt entschuldigt mich, jetzt kommt nämlich die Eröffnungsrede.«

Er schickte einen kleinen, geplagten Seufzer hinterher und ließ Cora, Tanja und Andrea einfach stehen. Sie standen wie angewurzelt und waren total baff. Ich fand das so gut, daß ich laut lachte. Cora fuhr herum, und als sie mich entdeckte, wäre sie beinahe geplatzt.

»Was machst du denn hier?« fragte sie pampig.

»Genau das gleiche wie du. Ich schaue mir die unheimlich interessanten Bilder an!«

Die Eröffnungsrede hielt Frau Wiensberg. Sie sprach eine halbe Stunde lang, und in ihrer Rede kamen so viele Fremdwörter vor, daß ich fast gar nichts verstand.

»Wie haben euch denn die Bilder gefallen?« fragte Mutti, als wir endlich wieder heimfuhren. Vati mochte sich nicht festlegen. »Recht eindrucksvoll«, sagte er vorsichtig, »wenn auch nicht unbedingt mein Geschmack.«

»Das ist es ja gerade«, antwortete Mutti eifrig, »daß er mit dieser bewußten Beschränkung auf wenige Farben dennoch so viel ausdrücken kann. Ich finde das direkt atemberaubend!« Ich kicherte.

»Warum lachst du?« fragte Mutti.

»Weil Frau Wiensberg das auch gesagt hat. Mit ziemlich genau den gleichen Worten.«

Mutti schwieg einen Moment, und Vati räusperte sich.

»So so. Und sonst? Wie hat dir die Kunstausstellung gefallen? Ich habe gesehen, daß sich Cora lange mit dem Maler unterhalten hat. Haben dir seine Bilder auch zugesagt?«

»Nein.«

»Also, das verstehe ich einfach nicht! Ihr seid im gleichen Alter, und wenn Wernickes Bilder etwas haben, das Cora anspricht, dann müßten sie doch auch dir etwas zu sagen haben. Sie scheint ja sehr selbstsicher und gewandt zu sein. Mir jedenfalls hat es gefallen, daß sie zu ihm hinging und sich mit ihm unterhielt.«

»Von wegen! Wichtig gemacht hat sie sich, angeschmachtet hat sie ihn! Sie hat ihn gefragt, was das eine Bild darstellen soll und was er sich dabei gedacht hätte, und er hat gesagt, es wäre John Travolta von hinten, und sie solle es nicht verraten!«

»John Travol –? Nein!«

»Doch, genauso war's. Er hat sie auf den Arm genommen. Richtig schön verschaukelt hat er sie!«

»Wie verlegen er gewesen sein muß, als er gemerkt hat, daß Cora die Tochter von Frau Wiensberg ist«, meinte Mutter mitfühlend, »was für eine peinliche Situation!«

»So schlimm ist das nun auch wieder nicht«, sagte Vati, »und den kleinen Dämpfer wird Cora schon verkraften.«

Nach einer Weile fing Mutti noch einmal mit der Ausstellung an: »Wenn euch auch die Bilder nicht so gut gefallen haben wie mir – was die Rede angeht, seid ihr doch sicher einer Meinung mit mir. War das nicht großartig? Ich meine, sowohl das, was Frau Wiensberg gesagt hat, als auch, wie sie es gesagt hat. Beeindruckend, nicht wahr?«

»Du schwärmst ja richtig«, stellte Vati fest.

»Jetzt sag doch einmal selbst, diese Frau hat Stil! Sie war absolut sicher, nicht einmal, daß sie sich versprochen hätte, und was sie zu sagen hatte, hatte Hand und Fuß. Sie ist elegant, charmant, eine wirkliche Persönlichkeit, und was sie für die Kultur der Stadt tut, ist enorm.«

»Wenn du so von ihr angetan bist, dann kannst du sie ja zur ›Frau des Jahres‹ vorschlagen«, meinte Vati, »ist es nicht bald wieder soweit?«

»Ja, in der nächsten Woche schon. Du hast recht, Frau Wiensberg wäre eine sehr überzeugende Kandidatin . . .«

»Du lieber Himmel«, dachte ich bei mir, »wenn Frau Wiensberg tatsächlich Frau des Jahres wird, dann ist es mit Cora überhaupt nicht mehr auszuhalten. Dann spätestens schnappt sie ganz über!«

In jedem Sommer wählen die Frauen unserer Stadt eine zur Frau des Jahres. Fast immer ist es eine Frau, die sich ehrenamtlich auf sozialem oder kulturellem Gebiet verdient gemacht hat. Zuerst werden Vorschläge gemacht, die auch begründet sein müssen, dann stellen sich die Kandidatinnen kurz in der Öffentlichkeit vor, und schließlich wird eine von ihnen von einem Ausschuß, in dem nur Frauen sitzen, zur Frau des Jahres gewählt. Diese Superfrau wird danach vom Oberbürgermeister empfangen, in der Zeitung vorgestellt, sie ist ein Jahr lang Ehrengast bei allen Festlichkeiten und Feierlichkeiten. Jeder kennt sie, und in unserer Stadt zumindest ist sie eine Art Berühmtheit.

»Bloß das nicht«, dachte ich, »mit Cora in einer Klasse sitzen zu müssen, wenn ihre Mutter Frau des Jahres ist – das wäre ja ein Grund, die Schule zu wechseln.«

Das mußte ich Bärbel erzählen. Gleich morgen. Aber am nächsten Morgen kam ich nicht gleich dazu, und am Nachmittag geschahen dann Dinge, die mich Frau Wiensberg, Cora und noch einiges andere total vergessen ließen.

Siebtes Kapitel,
in dem von einer Entdeckung
berichtet wird,
die Anna einige Kopfschmerzen
beschert und ihr auch noch
in den nächsten Kapiteln
zu schaffen machen wird

Es passierte am darauffolgenden Tag, am Montag also, und dieser Montag war der erste Montag des Monats. Wenn ich könnte, würde ich diese ersten Montage glatt aus dem Kalender streichen, weil ich da echt was auszustehen habe.

An jedem ersten Montag des Monats trifft sich nämlich der Vorstand vom Hausfrauenclub bei uns im Wohnzimmer. Es sind fünf Damen. Mutti als erste Vorsitzende, dann die zweite und die dritte Vorsitzende, die Schriftführerin und die Kassenführerin. Die Sitzungen dauern immer von drei Uhr nachmittags bis gegen sieben, und Vati kommt an diesen Tagen nie auch nur eine Minute früher als sieben nach Hause. »Der hat's gut«, denke ich mir oft, »der kann kneifen, aber ich muß da sein, egal, ob es so heiß ist, daß einem schon die Zunge heraushängt, oder so kalt, daß einen nur noch eine rasante Schlittschuhfahrt vor dem Erfrieren retten könnte.«

Ich muß da sein, um den Damen aus den Mänteln zu helfen, um nasse Regenschirme zu verstauen, um den Sahnekranz auf die Obsttörtchen zu spritzen, um das Kaffeegeschirr hinauszutragen, es in die Spülmaschine zu stapeln, und natürlich, um den viel zu fetten, kreuzlahmen Dackel Hubsy vom Flechtenberg eine Stunde lang spazieren zu führen. Hubsy gehört Frau von Holderheim, der zweiten Vorsitzenden vom Hausfrauenclub, und wenn man sie reden hört, weiß man nicht, ob sie adliger ist oder ihr Hund.

Für diese eine Stunde Spazierenführen bekomme ich von ihr

eine Mark, und ich wundere mich jedesmal, daß sie sich dafür nicht etwa schämt, sondern im Gegenteil so tut, als wäre das besonders großzügig. Wenn sie mir die eine Mark in die Hand drückt, sagt sie immer »Braves Kind!« und damit hat es sich auch. Aber von ihrem Dackel verabschiedet sie sich mehr als nur überschwenglich: »Nun geh, mein Schatz! Jaja, du kannst ruhig mitgehen, bei Johanna bist du in guten Händen. Nun, aber, aber, fällt dir die Trennung von Frauchen so schwer? Es ist doch nur für ein kurzes Stündchen!«

Hubsy fällt nicht der Abschied schwer, sondern das Laufen. Er kann vor lauter Fettleibigkeit kaum noch einen Schritt machen – und mir tut er leid. Sobald wir außer Sicht sind, nehme ich ihn deshalb unter den Arm, und dann gehe ich mit ihm in die nächste Grünanlage. Ich setze mich auf eine Bank, Hubsy kriecht dankbar darunter und bleibt still liegen, bis die Zeit um ist und ich ihn wieder heimtragen kann.

An jenem Montag, den ich im ganzen Leben nicht vergessen werde, hatte ich die Hubsy-Tour schon hinter mir. Das Kaffeegeschirr war abgeräumt, und die Damen saßen bereits beim Wein. Wenn es soweit ist, sind meist auch die dringenden Probleme vom Hausfrauenclub gelöst. Was in der restlichen Zeit besprochen wird, ist meiner Meinung nach nur lauter langweiliges Zeug. Da wird beispielsweise ausführlich darüber geredet, ob nicht ein roter Bezug für die Gartenschaukel günstiger ist als ein blauer, weil der viel zu schnell von der Sonne ausgebleicht wird, und ob eine Biskuitrolle mit Himbeerfüllung nicht besser schmeckt als eine mit Johannisbeeren.

Mutti bekommt von den anderen Vorstandsdamen meist Blumen mitgebracht, und für mich ziehen sie eine Tüte selbstgebackene Plätzchen, eine Marzipanfigur oder eine Tafel Schokolade aus ihren Handtaschen. Frau von Holderheim bringt mir immer Trauben-Nuß-Schokolade mit, die einzige Schokolade, die ich nicht mag, und wenn sie mir sie reicht, verdreht sie genußvoll die Augen, schmatzt ein klein wenig und flötet: »Die Sorte hast du besonders gern, stimmt's?« Na ja, was soll's, Bärbel mag diese Sorte ganz gern, und so hat wenigstens eine etwas von diesen Montagen.

Nur Frau Kriechbaum – sie ist Schriftführerin und gleichzeitig die jüngste von den fünfen – fällt etwas anderes ein. Manchmal hatte sie ein Taschenbuch für mich, und ab und zu brachte sie auch etwas für meinen Setzkasten mit. An jenem Montag, den ich jetzt meine, schenkte sie mir einen flachen, runden Kiesel, den sie durchbohrt und mit einer Eule bemalt hatte. Es war ein wirklich hübscher Anhänger, für den ich mich, anders als für die ewigen Schokoladentafeln, ehrlich bedanken konnte.

Sobald die Damen beim Wein sitzen, habe ich ungefähr eine Stunde Zeit, bevor es wieder soweit ist, daß ich ihnen in die Mäntel helfen oder die Regenschirme reichen muß. Als ich in mein Zimmer ging und vor dem Spiegel meinen neuesten Anhänger ausprobierte, dachte ich, daß mein Schmuckkasten langsam zu klein wurde. »Für meine besten Stücke sollte ich ein Extrafach haben«, ging es mir durch den Sinn, »warum eigentlich nicht im Schreibschrank?«

Ich leerte die Schublade, die ich dafür vorgesehen hatte, aus und räumte meine wertvollsten Anhänger ein. Wie ich es mir schon gedacht hatte, die Schublade quoll über. Eine Lade allein war mittlerweile zu wenig! Ärgerlich probierte ich zum x-tenmal die Schublade daneben, die nicht aufging, weil sich, wie Bärbel gemeint hatte, das Holz verzogen hatte. In dem Moment kam es mir merkwürdig vor, daß sich lediglich bei einer Lade das Holz verzogen haben sollte, bei den anderen aber nicht. Ich nahm sämtliche Schubladen heraus, griff mit beiden Händen in den Hohlraum und versuchte mit aller Kraft, die eine Lade herauszuziehen, zu drücken und zuschieben. Plötzlich kam es mir so vor, als hätte ich einen Widerstand überwunden. Die Lade ließ sich also doch herausziehen! Sie war leer und um die Hälfte kleiner als alle anderen, etwas, was ich nun auch wieder nicht verstand. Ich griff noch einmal in die Öffnung, fingerte zwischen den Schubladenrahmen und der hinteren Schrankwand herum, da gab es mit einem Mal ein schwaches, klickendes Geräusch, so, als ob eine Feder herausgesprungen wäre, und dann schnellte mir noch eine kleine Lade entgegen. In der Größe machte sie die Hälfte der vorher verklemmten Schublade aus, und sie war etwa so groß wie eine Zigarettenschachtel.

Ich hielt den Atem an, ich starrte, stierte, und das Herz schlug mir bis zum Hals. Ich hatte ein Geheimfach entdeckt! In meinen alten Schreibschrank war tatsächlich ein Geheimfach eingebaut, und ich hatte es gefunden! Und das Allerverrückteste war: die Geheimfachlade war nicht leer, sondern enthielt ein kleines zusammengefaltetes Papier, etwa so groß wie eine Briefmarke. »Der Plan für einen vergrabenen Schatz«, ging es mir durch den Kopf, »etwas anderes kann es gar nicht sein!«

Mein erster Gedanke war, ans Telefon zu rennen und Bärbel anzurufen. Aber unser Telefon steht in Vatis Arbeitszimmer, das mit einer Glasschiebetür vom Wohnzimmer getrennt ist, und diese Schiebetür steht bei den Vorstandssitzungen immer offen, weil, wie Mutti sagt, Frau Kriechbaum und Frau Loschick so schrecklich viel rauchen, daß die Luft im Wohnzimmer allein nicht ausreicht und man die vom Arbeitszimmer noch mit dazunehmen muß, damit nicht alle im Qualm ersticken. Und eins weiß ich: Sobald ich ans Telefon gehe, hören plötzlich alle Hausfrauenclubgespräche schlagartig auf, und die Damen hören mir schweigend zu und warten, bis ich fertig bin. Da konnte ich Bärbel unmöglich anrufen und ihr von meiner aufregenden Entdeckung erzählen!

Ganz, ganz vorsichtig – vielleicht war das Papier schon so alt und brüchig, daß es bei stärkerer Berührung zu Staub zerfiel – nahm ich es heraus. Erst jetzt bemerkte ich, daß es wie ein Briefchen gefaltet war. Zuerst drehte ich es nach allen Seiten, um zu sehen, ob etwas draufgeschrieben stand. Nichts. Ich war unheimlich aufgeregt. Meine Finger zitterten ein wenig, als ich es behutsam öffnete – und dann wurde ich abgrundtief enttäuscht! Es war kein Plan darin enthalten, der mich zu einem verborgenen Schatz führen würde, es war kein Brief, keine jahrhundertealte Nachricht, keine Aufzeichnung, nichts dergleichen. Das Briefchen enthielt nur zwei unscheinbare Körner, die so ähnlich aussahen wie Kümmel.

Ich nahm sie nacheinander zwischen Daumen und Zeigefinger, hielt sie ans Licht und betrachtete sie so genau, bis mir fast die Augen tränten. Dann lief ich in die Küche, holte die Kümmeldose aus dem Gewürzschrank, schüttelte ein paar Kümmelkörner heraus und verglich sie mit den Körnern aus dem Geheimfach. Es waren doch keine Kümmelkörner, denn im Unterschied zu Kümmel besaßen sie kleine Widerhäkchen, und auch in der Farbe waren sie etwas dunkler. Was war es dann? Ich rieb ein Korn zwischen den Fingern und schnupperte daran. Nichts. Ich fuhr vorsichtig mit der Zunge am Rand entlang. Kein Geschmack. Schließlich nahm ich eines der Körner in den Mund, zwischen die Zähne und biß drauf. Ich war so mit meinem Fund beschäftigt, daß ich Mutti nicht kommen hörte. Als sie meine Tür öffnete, fuhr ich derart zusammen, daß ich das Korn verschluckte und die Kümmeldose, das Briefchen und das zweite Korn vom Tisch stieß. Mutti bemerkte meinen Schrecken nicht. Sie hielt die Tür auf, damit Hubsy in aller Ruhe hereinwatscheln konnte. »Aber Johanna«, sagte sie vorwurfsvoll, »mußt du eigentlich immer alles auf dem Boden liegenlassen?« Sie bückte sich automatisch und hob die Dose auf. Normalerweise hätte ich nun des

Langen und Breiten erklären müssen, wieso ich die Dose geholt hätte und wozu ich Kümmel brauchen würde. Aber weil ja Besuch da war, entfiel das für den Moment.

»Kannst du dich bitte noch etwas um Hubsy kümmern?« fragte Mutti. »Er ist so unruhig!«

»Hmhmhm«, machte ich unbestimmt, und Mutti nahm das wohl für eine Zustimmung, denn sie ging gleich wieder hinaus. Ich dachte voll Entsetzen, was mir nun passieren könnte, nachdem ich etwas gänzlich Unbekanntes verschluckt hatte. Die Körner mußten natürlich etwas Außergewöhnliches sein! Der Samen einer giftigen Pflanze vielleicht? Den deshalb jemand im Geheimfach versteckt hatte, damit ein anderer nicht zu Schaden kam? So, wie man ja auch Arzneien vor Kindern versteckte? Oder aber, Samen, den irgend jemand mit Mordabsichten aufgehoben hatte, um einen anderen damit zu vergiften? Dieser Gedanke bohrte sich in meinen Kopf hinein. Ich spürte es plötzlich. Es war wie ein Stich, ein schneidender Schmerz in meinem Kopf, es tat sehr weh. Sonst merkte ich nichts. Mußte man mir nicht den Magen auspumpen? Oder sollte ich selber den Finger in den Hals stecken? Mutti hatte doch irgendwo die Telefonnummer von der nächsten Giftzentrale! Ich war so durcheinander, daß ich nicht auf Hubsy geachtet hatte, der am Geheimfachbriefchen schnüffelte und es mit der Nase über den Teppich stupste. Um Himmels willen, das Korn! Wo war das zweite Korn?

Ich ging in die Hocke und untersuchte den Teppich. Es war nicht zu finden. Hatte Mutti es zertreten? Hatte Hubsy es gefressen? Mußte man dem vielleicht auch den Magen auspumpen? Was würde Frau von Holderheim bloß dazu sagen? Ich betrachtete ihn, um festzustellen, ob sich bei ihm irgendeine Veränderung einstellen würde. Aber Hubsy rollte sich schließlich auf dem Teppich zusammen, schloß die Augen und sah so faul aus wie immer.

Als ich aus der Hocke aufstand, versuchte ich zu rülpsen. Es ging ganz ohne Schwierigkeiten. Auch der Schmerz in meinem Kopf hatte nachgelassen. Ich spürte fast gar nichts mehr. »Alles nur Einbildung«, sagte ich beruhigend zu mir selbst, »kein Grund zur Panik. So ein winziges Korn wird ja wohl kaum was Schlimmes anrichten können. Und selbst wenn es einmal giftig gewesen sein sollte, ist es mittlerweile so ausgetrocknet, daß sich die Giftigkeit verloren hat. Bloß keine Panik!«

Ich legte das Stück Papier wieder in die Geheimlade und schob sie zwischen meine Winterpullover, wo sie jetzt, im Sommer, von Mutti kaum entdeckt werden würde. Die angeblich verklemmte Lade schob ich wieder an ihren Platz – an meinem Schreibschrank hatte sich rein äußerlich gar nichts verändert! Ich setzte mich auf meinen Stuhl und konnte vor Ungeduld kaum sitzen bleiben. Ich mußte Bärbel anrufen! Ich untersuchte den Teppichboden noch einmal, Zentimeter für Zentimeter, aber das Korn blieb unauffindbar. Ich setzte mich wieder auf meinen Stuhl, betrachtete Hubsy zum hundertsten Mal, ging noch einmal in die Knie und suchte wieder und fand auch danach nichts.

Schließlich hielt ich es nicht mehr aus. Wollte der Vorstand denn heute überhaupt nicht nach Hause gehen? Es war doch schon fast sieben! Ich ging hinüber und öffnete die Wohnzimmertür. Die Damen waren so in ihr Gespräch vertieft, daß sie mich nicht zur Kenntnis nahmen.

»Der Wein ist ziemlich gepanscht«, sagte Frau von Holderheim gerade, »unsere geschätzte erste Vorsitzende ist ausgesprochen geizig! Diese Flasche kostet bestenfalls fünffünfzig, mehr nicht. Wenn ich daran denke, was ich damals auf den Tisch gestellt habe, als sie bei mir war. Eine teure Spätlese! Aber von jemandem, der sich nicht geniert, seinen Gästen einen Fünf-Mark-Wein anzubieten, kann man wohl nicht verlangen, daß er eine Spätlese zu schätzen weiß. Hm, geizige Leute habe ich noch nie leiden mögen!«

Mir verschlug's die Sprache. So etwas Unfeines hatte die feine Frau von Holderbein noch nie gesagt! Außerdem stimmte es nicht, die Flasche hatte sieben Mark fünfundneunzig gekostet, ich war dabeigewesen, als Mutti sie gekauft hatte. Immer noch völlig entgeistert starrte ich sie an. Doch die anderen Damen starrten nicht. Im Gegenteil, sie benahmen sich so, als ob sie nichts gehört hätten, und redeten miteinander so lebhaft wie vorher. »Wenn sie weiterhin diesen scharf gerösteten Kaffee nimmt«, fuhr Frau von Holderheim fort, »dann komme ich nicht mehr zu diesen Sitzungen. Als ob ich nicht schon hundertmal gesagt hätte, daß ich von dieser Marke Sodbrennen bekomme. Jetzt merke ich es schon wieder. Oh – oh – oh! Eine Rücksichtslosigkeit ist das! Aber ich hätte es mir denken können. Geizige sind eben so, die nehmen nur Rücksicht auf sich selbst!«

Wieder zeigten weder Mutti noch eine der anderen Damen irgendeine Reaktion. Und dann gab es mir einen Stich. Frau von Holderheim hatte überhaupt nichts gesagt! Sie hatte weder jemanden angesehen, noch ihren Mund bewegt, sondern war die ganze Zeit über stumm dagesessen und hatte an ihrem Wein genippt. Dann plötzlich hob sie den Kopf, bewegte die Lippen und sagte: »So leid es mir tut, ich glaube, ich muß mich jetzt sofort verabschieden. Mein Magen macht sich wieder einmal bemerkbar!«

»Das tut mir aber leid«, meinte Mutti bedauernd. »Hoffentlich bleibt es erträglich!« Und dann, während sie Frau von Holderheim immer noch mitfühlend anblickte, hörte ich sie weitersagen: »Immer hat sie Wehwehchen, ständig hat sie was zu jammern. Sobald sie nicht von ihren verschiedenen Krankheiten erzählen kann, langweilt sie sich!«

»Mu – Mutti –«, stammelte ich.

»Johanna, würdest du bitte Hubsy Bescheid sagen, daß wir gehen?« bat Frau von Holderheim mit gequälter Stimme, und dann brummte sie: »Schlecht erzogen, das kleine Fräulein. In solch einem Fall müßte sie doch bereits mit Hubsy auf dem Arm dastehen, damit es keine weitere Verzögerungen gibt. Das wäre aufmerksam und höflich. Aber so –«

»Hubsy Bescheid sagen«, echote Frau Loschik spöttisch. »Lieber Himmel, ist das ein Getue um den lahmen Köter! Wenn die Sitzungen bei mir stattfänden, dürfte sie das fette Vieh gar nicht mitbringen. Sie behandelt ihn wie ein kleines Kind. Unhygienisch ist das, bah!«

Auch Frau Metzler, die dritte Vorsitzende, war aufgestanden. »Ich schließe mich gleich an. Vielen Dank für den anregenden Nachmittag. Ich hoffe sehr, daß sich unsere Pläne verwirklichen lassen!« Sie gab Mutti in besonders herzlicher Weise die Hand und sagte: »Lieber Gott, ist das ein scheußliches Kleid! Dieses süßliche Bonbonrosa, widerlich, und für den angekrausten Rock ist sie zwanzig Jahre zu alt!« Sie lächelte Mutti an, Mutti lächelte Frau Metzler an, über irgend etwas schien sie geradezu gerührt zu sein – und ich stand noch immer wie festgenagelt an der Tür.

»Johanna«, sagte Mutti mit mildem Tadel, »du solltest doch Hubsy holen!«

Ich schlich wie schlaftrunken in mein Zimmer, hob Hubsy vom Teppich und trug ihn ins Wohnzimmer, wo ihn Frau von Holderheim mit einem tiefen Seufzer in Empfang nahm. »Danke, mein Kind«, flüsterte sie in meine Richtung und drückte Hubsy übertrieben zärtlich ans Herz. »Du fühlst es, mein Kleiner, nicht wahr? Frauchen geht es wieder sehr, sehr schlecht. Niemand kümmert sich um dein armes Frauchen . . .«

»Ich muß verrückt gewesen sein, mich diesem Alten-Tanten-Club anzuschließen«, sagte Frau Kriechbaum, während sie

Frau von Holderheim aufmunternd zunickte, »was ist das alles so bieder und betulich. Und unsere erste Vorsitzende macht da auch keine Ausnahme. Die ist selbst viel zu hausbacken, um den Verein etwas moderner aufzuziehen. Lauter öder Hausfrauenkram, nichts Neues, keine zündenden Ideen. Ein läppischer Kaffee-Tratsch-Verein ist das, mehr nicht. Ich muß da schleunigst raus, bevor ich selbst so werde und es dann gar nicht mehr merke!«

Schließlich waren sie alle draußen, und Mutti begleitete sie, wie immer, bis an die Glastür. Ich taumelte in mein Zimmer und ließ mich stöhnend aufs Bett fallen. Jetzt wußte ich, daß diese merkwürdigen Kümmelkörner doch etwas Besonderes waren, und klar war mir auch, weshalb sie jemand im Geheimfach meines Schreibschranks versteckt hatte. Diese Körner mußte man hüten und verbergen wie einen Schatz, denn wer eines dieser Körner zerbiß und verschluckte, dem passierte das, was mir geschehen war: *Der konnte Gedanken lesen.*

Nie hätte ich mir vorstellen können, daß Gedankenlesen unerfreulich sei. Im Gegenteil, ich hatte immer geglaubt, daß es lustig sein müßte, zu wissen, was in anderer Leute Köpfe vor sich geht. Aber nun war ich anderer Ansicht. Gedankenlesenkönnen ist eine furchtbare schreckliche Sache! Ich war so entsetzt und so durcheinander wie noch nie in meinem Leben.

Ich vergrub den Kopf in den Armen, als ob ich damit gleichzeitig auch meine Gedanken festhalten könnte. Aber die ließen sich nicht halten, die sprangen auf und ab und durcheinander.

»Wenn Mutti wüßte, was Frau von Holderheim über ihren Wein und ihren Kaffee denkt«, ging es mir durch den Sinn, »wenn sie wüßte, daß Frau von Holderheim sie geizig findet! Und wenn sie ahnen würde, daß Frau Kriechbaum den Vorstand für einen Alten-Tanten-Club und einen Kaffee-Tratsch-Verein hält! Wenn Frau von Holderheim gehört hätte, daß Frau Loschik ihren Hubsy einen lahmen Köter und ein fettes Vieh genannt hat. Ihren Hubsy vom Flechtenberg! Und hat Mutti nicht gerade von Frau Metzler immer so nett gesprochen? Was Frau Metzler wirklich dachte, hörte sich keineswegs besonders nett und freundlich an!«

Ich konnte es Mutti nicht sagen. Sie würde nicht glauben, daß ich Gedanken lesen konnte, und sie würde nicht glauben – und vor allem auch nicht glauben wollen –, daß die Damen im Vorstand in Wahrheit ziemlich fies und gemein waren. Die Arbeit für den Hausfrauenclub bedeutete ihr so viel, die nahm sie unerhört wichtig und ernst. Mit welchem Eifer sie alles erledigte, was mit ihrem Amt als erste Vorsitzende zusammenhing! »Nein«, dachte ich mir, »wenn sie wüßte, wie sich die Vorstandsdamen in Gedanken über sie auslassen, dann würde sie nicht mehr Vorsitzende sein wollen. Soviel Falschheit könnte sie nicht verkraften.«

Sie tat mir ehrlich leid.

»Johanna, hilfst du mir beim Wegräumen?« rief sie vom Wohnzimmer her. Ich hörte, wie sie in die Küche ging und die Gläser abstellte.

»Johanna? Kommst du bitte?«

Als ich mich danach immer noch nicht blicken ließ, kam sie schließlich in mein Zimmer.

»Hast du mich nicht gehört, Johanna? Johanna? Ist was? Fehlt dir etwas?«

Sie setzte sich auf meine Bettkante, drehte mich an der Schulter herum und sah mich prüfend an. Ihre Gedanken waren so klar zu hören wie eine Telefonstimme beim Ortsgespräch: »Was hat sie nur?« dachte sie beunruhigt, »sie ist ja kreidebleich!«

»Mein Kopf, mein Kopf! Ich habe das Gefühl, er platzt!«

»Seit wann fühlst du dich denn so? Vorhin, als unser Besuch wegging, hattest du doch noch nichts, oder?«

»Es kam ganz plötzlich!«

»Tut dir sonst noch was weh?«

»Nein. Es ist nur der Kopf. Im Augenblick bestehe ich nur aus Kopf!«

»Das kommt mir beinahe wie ein kleiner Migräneanfall vor. Bleib ruhig liegen. Ich hole dir eine Tablette. Das geht auch wieder vorbei!« Sie holte eine Decke aus dem Schrank, breitete sie über mich, stopfte die Enden schön fest und ging dann, um die Tablette zu holen.

Gerade, als sie mir das Glas Wasser reichte, kam Vati heim. Mutti ging ihm entgegen, und ich benützte die Gelegenheit, die Tablette zwischen Liege und Wand zu drücken.

»Du fühlst dich nicht wohl?« fragte Vati munter, und diese Munterkeit stand im Gegensatz zu dem, was er dachte. »Sie sieht ja zum Erbarmen schlecht aus«, dachte er. »Augenringe hat sie, als wäre sie ernsthaft krank!« – »Ist dir auch schlecht und tut dir der Bauch auf der rechten Seite weh?« fragte er mich. Wenn mir nicht so elend gewesen wäre, hätte ich jetzt gelacht. Da hatte er doch glatt vergessen, daß mein Blinddarm schon seit vier Jahren draußen war!

»Nein, nein, außer meinem Kopf ist alles in Ordnung. Wirklich!«

»Ich habe ihr eine Tablette gegeben«, sagte Mutti. »Jetzt wollen wir erst einmal abwarten. Wenn es gar nicht besser wird, dann rufe ich den Arzt.«

»Hmhm«, Vati nickte zustimmend. Er setzte sich neben mich, strich mir über Stirn und Schläfe und murmelte das, womit er mich getröstet hatte, wenn ich mir als kleines Mädchen weh getan hatte. »Armer schwarzer Kater«, brummte er, »armer schwarzer Kater . . .«

»Wie war das doch, was hat der Müller unlängst von seinem

kleinen Neffen erzählt? Der Junge bekam plötzlich wahnsinnige Kopfschmerzen, und die Eltern dachten zuerst, er hätte eine Erkältung oder was ähnliches. Und dann stellte sich heraus, daß er Hirnhautentzündung hatte, eine todernste Sache. Mein Gott, so etwas wird es doch nicht sein? Hanna hatte noch nie Kopfschmerzen! Oder hängt das mit ihrer Entwicklung und mit dem Wachsen zusammen? Wie verkrampft sie daliegt!«

»Trink das mal«, sagte Mutti und reichte mir eine Tasse Kamillentee. »Vielleicht bist du dabei, eine Erkältung auszubrüten.«

»Genau das haben die Eltern von Müllers kleinem Neffen auch geglaubt«, dachte Vati bedrückt. »Ich darf mir das gar nicht vorstellen!«

Mutti schob ihn von meinem Bett weg, als sie den kleinen Tisch heranholte. »Er benimmt sich übertrieben ängstlich«, sagte sie in ihren Gedanken. »Wenn ich ihn ließe, würde er sie total verwöhnen und verzärteln. Ein kleiner Migräneanfall ist doch schließlich kein Beinbruch. Wenn ich daran denke, wie oft ich von Kopfschmerzen geplagt bin. Da ist er nicht halb so fürsorglich. Aber das bin ja auch nur ich!«

Ich sah Mutti entgeistert an. Das hatte sich doch beinahe so angehört, als ob sie – ja, als ob sie auf mich eifersüchtig wäre! Bloß weil Vati sich um mich sorgte? Er hatte die Sache von Müllers Neffen erfahren, da war es doch verständlich, daß er sich Sorgen machte, oder? Aber nein, so stimmte das nicht. Mutti wußte von der Hirnhautentzündung überhaupt nichts! Ich stöhnte laut. Wie sollte ich das in Zukunft auseinanderhalten können? Das, was ich wirklich hörte, und das, wovon ich gedankenlesenderweise erfuhr? Ich mußte höllisch aufpassen, sonst würde ich mich gleich verplappern!

»Nun komm, laß sie etwas ruhen, die Tablette wird bald wirken«, sagte Mutti zu Vati. Und in Gedanken fügte sie hinzu:

»Den Abend hatte ich mir etwas anders gedacht. Ich hatte mir vorgestellt, daß wir uns ins Wohnzimmer setzen und ich ihm dann die große Neuigkeit erzähle. Auf sein Gesicht bin ich ja gespannt und auf seine Reaktion auch. Er wird doch wohl nicht dagegen sein? Das wird mir erst jetzt klar! Was ist, wenn er dagegen ist? Soll ich es dann trotzdem machen? Nein, das geht wohl nicht. Oder doch? Und was ist, wenn ich es nicht schaffe? Habe ich dann auch ihn blamiert? Sollte ich vielleicht aus Rücksicht auf ihn die Sache erst gar nicht anfangen? Oder ist es eine einmalige Chance? Jeder würde mich kennen. Endlich wäre ich auch einmal Gertrud Bausch und nicht immer nur die Frau vom Filialleiter Bausch! Wenn ich doch endlich mit ihm reden könnte. Schließlich gibt es dabei wahnsinnig viel zu besprechen, hundert Dinge! Ich brauche seinen Rat, seine Hilfe und Unterstützung!«

»Was ist, was –«, ich brach gerade noch rechtzeitig ab.

»Was ist nur los, von welcher Neuigkeit redest du?« hatte ich eigentlich sagen wollen. So aufgeregt hatte ich Mutti selten erlebt.

Vati verstand glücklicherweise alles falsch. »Kamillentee ist das«, sagte er freundlich. »Gertrud scheint sich auch Sorgen zu machen«, dachte er. »Sie wirkt so fahrig und nervös. Vielleicht sollten wir den Arzt gleich verständigen.« Er strich mir noch einmal über die Hand und ging dann mit Mutti hinaus. Schon als sie im Flur waren, konnte ich ihre Gedanken nicht mehr verstehen. Es war wie abgeschnitten. Anscheinend konnte ich nur dann Gedanken lesen, wenn ich denjenigen direkt anschaute. Ich trank schluckweise den heißen Tee und versuchte mich selbst zu beruhigen. Vati war hier. Mutti war da, und sie würden beide auf mich aufpassen. Wenn etwas geschah, würden sie dafür sorgen, daß alles wieder in Ordnung kam. Ich fühlte mich geborgen, und ich fühlte mich unendlich müde. Und dann muß ich eingeschlafen sein.

Als ich wach wurde und die Augen öffnete, war es im Zimmer bereits etwas dämmrig. Vati saß an meinem Bett und blickte stumm vor sich hin. Ich rührte mich nicht. Als ich ihn ansah, verstand ich, was er dachte: »Nun ist sie schon so groß. In ein paar Jahren wird sie erwachsen sein und ihre eigenen Wege gehen. Eigentlich habe ich immer zu wenig Zeit für sie gehabt. Aber wie hätte es anders gehen sollen? Der Beruf und das Geschäft fressen einen auf. Abends ist man fertig und ausgepumpt und möchte seine Ruhe haben. Wann also hat man Zeit für sein Kind? In den Ferien, im Urlaub und am Wochenende. Und was machen wir am Wochenende? Wenn ich bestimme, machen wir einen Ausflug oder eine Radtour, wenn Gertrud bestimmt, gehen wir ins Museum oder in eine Galerie. Dagegen sage ich ja nichts, aber die sogenannten Kunstausstellungen der Frau Wiensberg! In meinen Augen hat diese Frau einen kombinierten Kunst- und Wohltätigkeitstick. Gertrud ist von ihr regelrecht begeistert, gut, soll sie. Aber warum ich und vor allem Hanna da hingehen sollen, das sehe ich nicht ein. Nein, dafür ist mir in Zukunft die Zeit zu schade. Und Hanna muß da auch nicht hin!« Ich seufzte erleichtert.

»Hanna, bist du wach?« flüsterte Vati. »Wie geht es dir?«

»Viel besser. Ich habe Hunger.«

»Sehr schön, das ist ein gutes Zeichen! Kommst du mit ins Eßzimmer?«

Mutti lächelte, als sie mich sah. »Die Kopfschmerzen sind weg, nicht wahr? Man sieht es deinen Augen an. Komm, setz dich, iß etwas!«

Als sie mir ein Brot reichte, dachte sie: »Nun ist der Abend vielleicht doch noch zu retten. Ob ich vorschlagen soll, daß wir anschließend irgendwohin gehen und ein Glas Wein trinken? Jetzt, nachdem es Johanna wieder gutgeht, wird er nichts dagegen haben.«

Ich schob meinen Teller von mir.

»Was ist?« fragte Vati, »schmeckt es dir nicht?«

»Doch. Nein. Ich weiß nicht. So ganz gut ist mir immer noch nicht.«

»Als wenn sie geahnt hätte, daß ich weggehen möchte«, dachte Mutti etwas ärgerlich, »und gleich legt sich sein Gesicht in tiefe Kummerfalten. Also, wenn das nicht übertrieben ist! Als ich das letzte Mal Migräne hatte, ist er seelenruhig zu seinem Klassentreffen gegangen. Kaum, daß er ein Wort darüber verloren hat, und Kummerfalten machte ihm das schon gar nicht! Wenn ich nicht bald mit jemanden darüber reden kann, bekomme ich einen Schreikrampf, einen Weinkrampf oder sonst was Unkontrolliertes. Lange kann ich das nicht mehr aushalten!«

»Könnt ihr denn nicht –«, fuhr es mir heraus. Ich war schon wieder dabei gewesen, auf etwas zu antworten, was ich eigentlich nicht wissen konnte. »Könnt ihr denn das Glas Wein nicht auch zu Hause trinken?« hatte ich sagen wollen. Wenn ich ehrlich sein soll, muß ich zugeben, daß ich das auch deshalb wollte, weil ich dann erfahren hätte, was Mutti so beschäftigte. Was mochte das nur sein? Hing es mit dem Hausfrauenclub zusammen? Hatte nicht auch Frau Metzler irgend so eine Andeutung gemacht? Aber seit wann wollte Mutti Hausfrauenclub-Angelegenheiten mit Vati besprechen? Ich sah sie forschend an – und plötzlich war alles still. Ich hörte nichts mehr. Keine undeutlichen Gedanken, keine lauten Gedanken, nichts. Ich hatte mich mittlerweile schon so ans Gedankenlesen gewöhnt, daß mich diese plötzliche Stille erneut durcheinander brachte.

»Woran – woran denkst du?« fragte ich, und wahrscheinlich hörte sich das ziemlich albern an.

»Ich?« Mutti zuckte verwirrt mit den Schultern, »ich denke an nichts Besonderes. Warum fragst du?«

»Ooch, aus keinem bestimmten Grund. Wie spät ist es?«

»Kurz vor acht«, antwortete Vati. Ich sah ihn an, so durchdringend, als hätte ich Röntgenaugen, aber auch bei ihm blieb alles still. Die unglaubliche Fähigkeit hatte eine Stunde lang angehalten. Oder hatte ich im Moment nur eine Störung, eine Art Empfangspause sozusagen? Würde es vielleicht wiederkommen?

»Ich glaube, ich gehe bald wieder ins Bett«, sagte ich. »Wollt ihr noch weg?«

»Wie kommst du denn darauf?« fragte Vati erstaunt.

Mutti sagte nichts, aber ihrem Gesicht konnte ich sogar von außen ansehen, was sie dachte: »Als wenn sie es geahnt hätte!«

Ich drehte mich um, weil ich kichern mußte. Wenn sie wüßte! Irgendwie war es trotzdem komisch.

Ich ging ins Bad, und auf dem Weg in mein Zimmer schaute ich noch einmal ins Wohnzimmer hinein. Mutti hatte Gläser auf den Tisch gestellt, und Vati war dabei, eine Flasche Wein aufzumachen. Ich blickte meine Eltern an und lauschte. Aber es war wirklich vorbei.

»Gute Nacht«, sagte ich. Was Mutti auch an Wichtigem zu erzählen hatte, ich würde es, wenn überhaupt, erst später erfahren.

Achtes Kapitel,
in dem der Leser erfährt,
daß Frau Bausch
eine Rede schreiben will
und Bärbel Alicias Geheimnis errät

Am nächsten Morgen sah ich als erstes zwischen meinen Winterpullovern nach in der kleinen Schublade. Natürlich war sie noch da. Das zusammengefaltete Papier lag darin, und die Sache mit dem Gedankenlesenkönnen war tatsächlich Wirklichkeit gewesen und nicht etwa ein Traum. Mir fiel wieder ein, daß ich mich früher manchmal gefragt hatte, ob nicht einer von Bärbels Vorfahren im Garten einen Schatz oder ein Dokument vergraben haben könnte, und daß ich zu Anfang in Silberbergs Haus etwas Verwunschenes und Geheimnisvolles zu spüren geglaubt hatte. Dieses Gefühl – oder war es vielleicht sogar eine Ahnung gewesen? – hatte mich nicht getäuscht, und etwas Geheimnisvolleres als diese Kümmelkörner konnte es kaum geben! Und war es nicht merkwürdig, daß nicht etwa Bärbel oder ihre Eltern, sondern ich sie in meinem Schreibschrank gefunden hatte, und daß ich es war, der ihre Bedeutung entdeckte?

»Wer weiß, wie alt die Körner schon sind«, dachte ich. »Wer weiß, wann sie jemand in der Schublade versteckt hat, und wer kann schon wissen, wie viele Jahrhunderte lang sie unentdeckt da lagen? Merkwürdige Vorstellung, daß sie wahrscheinlich schon in der Lade waren, als meine Großeltern zur Welt kamen. Sie waren immer noch da, als meine Eltern geboren wurden, und sie blieben auch da, als ich auf die Welt kam. Es dauerte und dauerte und dauerte, genau bis gestern, bis zum ersten Montag im Monat, als ich in meinem

Zimmer nach einem größeren Schmuckkasten für meine besten Anhänger suchte. Genau in diesem Moment und nicht einen Augenblick früher wurden sie wiederentdeckt. Eine Wahnsinnsvorstellung!«

Und dann ging mir noch eine Idee durch den Kopf. Es waren doch Körner, Samen, wenn ich das andere Korn in die Erde gesteckt hätte, wäre dann vielleicht eine Pflanze daraus gewachsen? Ein Strauch, oder sogar ein Baum, der dann Früchte getragen hätte, deren Körner –!

Mir ging es so ähnlich wie Mutti am letzten Abend. Ich mußte endlich mit jemandem darüber reden, bald! Was Bärbel sagen würde? Vielleicht würde sie mich auslachen? Oder aber würde sie sagen, daß sie erst selbst ein Korn zerbissen und alles Nachfolgende selbst erlebt haben müßte, um meine irre Geschichte glauben zu können?

Bevor ich vom Frühstück aufstand, meinte Mutti beiläufig: »Johanna, hast du ein leeres DIN-A-vier Heft?«

»Ja. In meinem Regal oben rechts liegt ein Stapel Hefte.«

Ich legte das Papier in ein Medaillon, einen meiner kostbarsten Anhänger, und zog dann den roten Sommerpulli drüber, der so nah am Hals aufliegt, daß man die Kette nicht sehen kann.

»Wozu brauchst du ein Heft?«

»Das ist eine ziemlich lange Geschichte. Ich erzähle sie dir heute mittag, wenn du aus der Schule kommst.«

Ich mußte an Bärbel denken.

»Du willst doch nicht etwa einen Roman schreiben?« fragte ich sie und meinte, dabei ziemlich witzig zu sein. Mutti lächelte sonderbar. Sie sah mich nicht an. Gedankenverloren, wie es mir schien, pickte sie ein Brösel vom Tisch und steckte es in den Mund, die einzige Unart, die man ihr zum Thema Tischmanieren vorwerfen könnte.

»Nein«, sagte sie dann, »keinen Roman. Ganz bestimmt keinen Roman! Aber eine Rede. Zumindest versuchen will ich es.« Ich sah sie verblüfft an.

»Eine Rede? Und wer soll die halten?«

»Ich. Aber ob ich das fertigbringe, weiß ich nicht. Ich habe nämlich noch nie eine gehalten, und wahrscheinlich bin ich schon viel zu alt, um das zum ersten Mal zu probieren.«

»Ja, was denn für eine Rede? Wann und vor wem?«

Mutti seufzte. »Die Damen vom Hausfrauenclub haben gestern gesagt, daß sie mich als Kandidatin für die Frau des Jahres vorschlagen wollen.«

»Also, das war es!«

»Was meinst du?«

Ich druckste herum. »Hm – ich hatte das Gefühl, daß du gestern abend über irgend etwas aufgeregt warst. Ich weiß auch nicht, wie ich das sagen soll, es war eben so mein Eindruck.«

»Hat man mir das angemerkt? Das ist ja schrecklich!«

»Warum? Das ist doch nicht schlimm! Du und Frau des Jahres, das wäre einfach toll!«

»Immer langsam, soweit ist es noch lange nicht.«

»Was mußt du denn tun? Erzähl doch mal!«

»Heute mittag.«

»Von Anfang an?«

»Ja, von Anfang an. Und bitte, Johanna, sprich einstweilen nicht darüber!«

»In Ordnung, ich verrate schon nichts!«

An der Haustür fiel es mir gerade noch ein: »Laß bitte mein Zimmer, so wie es ist«, rief ich Mutti zu. »Auch nicht staubsaugen, bitte. Ich erledige alles selbst!«

Ich schoß aus dem Haus, rannte, bis ich völlig außer Atem war, und kam trotzdem zu spät. Der Ströml blickte mich zuerst finster an, nahm von meiner gehechelten Entschuldigung kaum Notiz und rief mich dann während der Deutschstunde fünfmal auf, wahrscheinlich in der Hoffnung, allen beweisen zu können, daß eine Schülerin, die es wagte, in seinen Unterricht zu spät zu kommen, auch sonst nicht viel draufhaben kann. Aber ich mußte ihn enttäuschen.

Jedenfalls hatte ich keinen Augenblick Zeit, Bärbel etwas zuzutuscheln. Und da auch die große Pause nicht ausreichen würde, um ihr alles ausführlich zu berichten, machte ich nur ein paar vielversprechende Andeutungen und vertröstete sie auf die sechste Stunde, die wir an diesem Tag frei hatten.

»Ich habe so was Irres erlebt, das ich eigentlich niemandem erzählen kann. Nie-man-dem! Aber dir erzähle ich es. Du bist die einzige Ausnahme.«

»Ja, was denn? Was ist es denn? Hängt es mit Mirko zusammen?«

»Keine Spur! Es ist etwas ganz ganz anderes. Bärbel, du wirst es mir nicht glauben. Dir werden die Augen aus dem Kopf fallen. Ich wette, daß dir die Luft wegbleibt!«

»Man kann's auch übertreiben«, meinte Bärbel. »Erst machst du mich neugierig, und dann sagst du nichts. Die feine Art ist das auch nicht!«

Während der beiden Kunststunden machte sie immer wieder mal den Versuch, etwas aus mir herauszuholen. Aber ich stellte mich stur. Für diese Geschichte brauchte man Zeit, die mußte man in Ruhe und von A bis Z erzählen.

Wir hatten die Aufgabe bekommen, eine Plattenhülle zu entwerfen, und ich hatte mich entschlossen, eine Hülle mit dem Titel »Song of Alicia« zu zeichnen. Als ich die ersten schwungvollen Schriftzüge auf dem Papier hatte, kam Cora vorbei. »Song of Älischa?« fragte sie, »das ist wohl ein Schlager?«

Ich weiß auch nicht genau, warum, aber Cora hat so eine gezierte und überhebliche Art, daß ich mich beinahe jedesmal ärgern muß, sobald sie den Mund aufmacht. Ich würde gerne wissen, für wie gebildet, intelligent, talentiert und liebenswürdig sie sich selber hält. Das mit dem Schlager war doch wieder mal typisch! Schlager waren in ihren Augen wahrscheinlich Musikersatz für Doofe! Wenn man mit Leuten wie Cora auskommen will, ohne jedesmal vor Ärger zu platzen, das hatte ich durch sie immerhin schon gelernt, dann mußte man ihnen ähnlich überheblich kommen. Schon damit sie merkten, daß sie einen nicht bei jeder Gelegenheit an die Wand drücken können.

»Ein Schlager?« wiederholte ich und tat verständnislos. »Du hältst das für einen Schlager? Da muß ich mich aber wundern. Das ist eine berühmte englische Kinderoper! Das ist die Vertonung von ›Alice in Wonderland‹. Außerdem wird es nicht ›Älischa‹ ausgesprochen, sondern ›Älissja‹. Nein wirklich, wenn das keine Bildungslücke ist!«

Cora sah in dem Augenblick gar nicht intelligent aus, und besonders liebenswürdig benahm sie sich auch nicht. Sie sagte kein Wort, rauschte sprachlos ab – und ich freute mich, als ob ich eben was Hübsches erlebt hätte.

Als ich dann soweit war, daß ich meine Hülle farbig anlegen konnte, holte ich mir aus dem Zeichenschrank ein paar Zeitungen als Unterlage. Die oberste Zeitungsseite war eingerissen, und der Riß ging durch eine dicke Balkenüberschrift. Ein amerikanischer Schauspieler sagte da gerade von einer Kollegin »Ich bin ein Fan von Annabelle«, und auf der einen Seite war davon übriggeblieben »Ich bin ein Fan von Anna«.

Ich mußte lachen. »Meint der vielleicht mich?« dachte ich. Immerhin, es könnte ja sein, daß das mal jemand von mir sagt, wenn ich erst eine berühmte Schauspielerin bin. Ich schnitt die beziehungsreiche Überschrift aus und steckte sie in ein Heft. Hätte ich geahnt, was durch diese Überschrift noch alles passieren würde, ich hätte sie nicht angerührt. Ganz sicher nicht!

Nach der fünften Stunde gingen Bärbel und ich zur Eisdiele. Bärbel versuchte, uns einen Platz am Brunnenrand zu sichern, und ich stellte mich in der Schlange an. Plötzlich kam Mirko mir entgegen. In jeder Hand quetschte er drei Eiswaffeln, und als er mich erblickte, fing er an zu blinzeln. Allerdings nicht so wie jemand, der einer guten Bekannten zublinkert, sondern wie einer, der sich angestrengt an etwas zu erinnern sucht. Ich wünschte mir so, daß er etwas zu mir sagen würde – und tatsächlich, er blieb neben mir stehen.

»Sag mal, bist du nicht –?«

»Ja?« fragte ich aufmunternd, und Bärbel schilderte mir später, wie albern ich ihn dabei angegrinst hätte.

»Bist du nicht –«, begann Mirko noch einmal bedächtig, während ihm die ersten Eistropfen schon auf die Hand flossen.

»Ja? Was denn?« Man konnte wirklich ungeduldig mit ihm werden!

»Bist du nicht die kleine Schwester von Peter Gramisch, der beim letzten Wettbewerb Dritter wurde?«

»Nein!« fauchte ich. »Nein, die bin ich nicht!« Und dann drehte ich mich wütend von ihm weg, erstens, weil es mich ärgerte, daß er mich immer noch nicht kannte, und zweitens, weil es mir peinlich wurde, von jemandem angequatscht zu werden, der zu dußlig war, daß er rechtzeitig merkte, daß ihm das Eis bereits auf die Schuhe tropfte.

»Bist du nicht?« wiederholte Mirko in aller Seelenruhe. »Hm, na, dann habe ich mich wohl geirrt!«

Als wir nebeneinander am Brunnenrand saßen, erzählte ich Bärbel die Kümmelkorngeschichte. Von Anfang an, als mir das mit der klemmenden Schublade nicht paßte, bis zu dem Augenblick, in dem es mit der Gedankenleserei wieder vorbei war. Ich erzählte alles. Das einzige, was ich ausließ, war Muttis Eifersucht auf mich. Das ging Bärbel schließlich nichts an.

Bärbel saß da, hörte mir zu, starrte mich sprachlos an. Es hätte nicht viel gefehlt, und der Mund wäre ihr offen geblieben. Das gute Eis zerschmolz zur Suppe.

»Das gibt's nicht«, sagte sie schließlich, »nein, so etwas kann es nicht geben. Das ist fast unheimlich! Das klingt nach Zauberei. Ist das wirklich wahr? Wirklich? Komm, zeig mal das Papier!«

Ich zog das Medaillon unter meinem roten Rollkragenpulli hervor, öffnete es und ließ Bärbel das Papier fühlen. »Sieht nach nichts aus«, sagte sie enttäuscht.

Ich nickte. »Wenn ich es nicht in der Schublade gefunden hätte, sondern irgendwo anders, ich hätte mich nicht einmal danach gebückt!«

»Wer hätte gedacht, daß ausgerechnet in deinem Schreibschrank ein Geheimfach steckt«, meinte Bärbel und schüttelte immer noch fassungslos den Kopf, »in diesem alten, schäbigen Schrank, der bloß deshalb noch nicht zu Kleinholz zerhackt worden ist, weil er so unauffällig herumstand. Mannomann, was für ein Ding. Wahnsinn!«

»Wenn ich bloß wüßte, wem der Schrank einmal gehört hat. Dann könnte man vielleicht erraten, wer diese Körner darin versteckt hat. Verstehst du, was ich meine? Ich frage mich einfach, was für ein Mensch das gewesen sein mag und welche Gründe er gehabt haben könnte.«

»Das ist wohl kaum noch rauszukriegen. Ich hab dir ja gesagt, daß der Schrank wahrscheinlich schon dastand, als Großvater noch lebte. Aber wie lange der ihn schon besaß und woher der ihn hatte, das weiß natürlich keiner. Viele Möbel stammen aber aus dem Schloß, und wenn sie nicht mehr fein genug waren, wurden sie an die Bediensteten verschenkt.«

Mit einem Mal hörte Bärbel auf, an ihrem Eis zu lecken. Sie saß stocksteif da, wie erfroren, ganz reglos.

»Hast du was?«

Sie sprang auf und riß mich vom Brunnen weg. Sie keuchte.

»He! Was ist denn los? Was soll das?«

»Ja, kapierst du denn nicht? Anna! Es ist doch klar, glasklar! Alicia! Die Körner haben Alicia gehört! Sie war eine Nacht lang im Schloß, erinnerst du dich denn nicht? Der Schreibschrank muß in ihrem Zimmer gestanden haben, und sie hat das Geheimfach entdeckt!«

»Was? Was?«

»Natürlich, so war es. Es kann gar nicht anders gewesen sein! Bevor Friedrich am Morgen zu ihr kam, hat sie ein Kümmelkorn zerbissen. Sie sah ihn an und wußte alles. Deshalb ist sie wie wahnsinnig aus dem Schloß gerannt, noch bevor er Zeit hatte, ihr etwas zu erklären. Er brauchte ihr nichts mehr zu erklären! Und die beiden anderen Kümmelkörner in dem Briefchen, das war ihr Geschenk für Friedrich. Einmalig auf der Welt, heißt es in der Überlieferung. Ja, das kann man wohl sagen, einmalig!«

Mir war, als hätte ich mir das Gehirn geprellt. Die Kümmelkörner hatten Alicia gehört, natürlich! Daß ich da nicht selbst draufgekommen war! Aber Bärbel hatte wohl eher daran gedacht, weil sie ja gerade dabei war, Alicias Geschichte neu zu schreiben.

»Du hast recht«, sagte ich und mußte die Aufregung, die wie ein Kloß in meinem Hals steckte, hinunterschlucken. »Bärbel, du hast Alicias Geheimnis erraten. Oh, einen größeren Hammer gibt's einfach nicht! Du, wir haben Alicias Geheimnis entdeckt! Wir beide! Ausgerechnet wir beide! Wir werden über Nacht berühmt, morgen, spätestens übermorgen weiß es die ganze Welt. Wir werden mindestens ebenso bekannt wie Heinrich Schliemann oder ein anderer weltberühmter Archäologe!«

Ich hatte in meiner Begeisterung viel lauter als sonst gesprochen, und als ich anfing, Bärbel an der Schulter zu schütteln, sahen die anderen Schüler vom Brunnenrand zu uns herüber, machten ihre dämlichen Bemerkungen und lachten. Bärbel zog mich energisch außer Sichtweite. »Komm mal wieder auf den Teppich!« sagte sie nüchtern. »Womit willst du denn beweisen, daß du Gedankenlesen konntest?«

»Na ja, im Moment kann ich das nicht, aber wenn ich das andere Korn wiederfinde . . .«

»Wenn! Und wenn nicht, dann kannst du bloß ein altes Stückchen Papier vorweisen. Damit wirst du keinen überzeugen. Damit machst du dich höchstens lächerlich!«

»Wenn ich aber doch . . .!«

»Wenn du das andere Korn findest, dann heb es auf und sage keinem Menschen was davon! Mit so einem Korn kannst du gar nicht vorsichtig genug sein. Das ist so ähnlich wie mit einem Wunschring. Nur für äußerste Notfälle!«

Ich mußte zugeben, Bärbels Meinung hatte einiges für sich. Wirklich, das, was sie sagte, hatte Hand und Fuß. Ich wußte schon, was es mit diesen Kümmelkörnern auf sich hatte. Sollte ich, falls ich das zweite wiederfinden würde, es einem anderen zu beißen geben, bloß um zu beweisen, daß ich mit meiner Behauptung recht gehabt hatte? Blödsinn. Es gab nichts zu beweisen. Und außerdem hatte ich das zweite Korn noch gar nicht! Stumm gingen wir nebeneinander her.

»Was machst du heute nachmittag?« fragte ich, als wir uns trennten.

»Was glaubst du wohl? Ich werde an meiner Alicia-Geschichte weiterschreiben. Für mich ist deine Entdeckung eine große Hilfe. Auf so etwas wäre ich alleine nie gekommen. Weißt du, wie ich die Sache erklären werde? Hör zu! Bei mir wird es so sein, daß Alicia eine kleine Blume im Haar stecken hat, als Friedrich zu ihr ins Zimmer kommt. Die Blume ist hübsch, sieht aber nicht außergewöhnlich aus.

Wenn man aber an ihr riecht, dann kann man Gedanken lesen. Alicia hat das vorher getan, und deshalb weiß sie auch gleich, daß Friedrich bereits verheiratet ist und fünf Kinder hat – zweimal Zwillinge! Sie rennt weinend in den Wald, stürzt und stirbt, und als man sie findet, nimmt ihr jemand ahnungslos die Blume aus dem Haar, ohne zu wissen, welchen Schatz und welches Geheimnis er damit auf die nächste Müllkippe wirft. Was meinst du, wie findest du meine Lösung?«

»Na ja, ich weiß nicht, bißchen überspannt, würde ich sagen.«

»Was? Du bist vielleicht gut! Das findest du überspannt, obwohl es nur eine ausgedachte Geschichte ist? Was glaubst du wohl, was die Leute sagen würden, wenn du erzähltest, was dir in Wirklichkeit passiert ist?«

Bärbels Stimme hatte verärgert geklungen, und ich fragte mich, ob das damit zusammenhängen könnte, daß ihr in ihrer Phantasie zur Erklärung von Alicias Geheimnis nichts eingefallen war, das auch nur halb so gut war, wie das, was ich tatsächlich erlebt hatte. Zum ersten Mal, seitdem wir gut befreundet waren, gingen wir verstimmt auseinander.

»Eine angehende Schriftstellerin muß das auch ärgern«, dachte ich mir, als ich eine Straße weiter war. Zwei Straßen weiter tat mir das Ganze richtig leid, und in der dritten Straße hätte nicht viel gefehlt, und ich wäre umgekehrt, um ihr das zu sagen.

In der Birkenstraße sah ich zwei kleine Jungen, die mit einem Fahrrad spielten, das auf dem Bürgersteig lag. Sie drehten die Räder, spielten an den Pedalen herum, rissen am Lenker und verbogen das Schutzblech. Ich blickte genauer hin. Das war doch ein Rad von Herrn Silberberg. Natürlich, eins von seinen schwarzlackierten alten Schinken. Unverkennbar!

»Was macht ihr denn da?« fragte ich die beiden Jungen. »Das Rad gehört euch doch nicht!«

»Nein«, antwortete der Größere, »aber es stand da an der Laterne.«

»Und es war nicht abgeschlossen«, ergänzte sein Freund.

»Vater schließt seine Räder nie ab«, hatte Bärbel mir mal erzählt. »Wer wird denn auch die alten Mühlen klauen wollen . . .«

»Deshalb dürft ihr es aber doch nicht auf den Bürgersteig werfen und kaputtmachen«, sagte ich zu den beiden Jungen. »Ich weiß nämlich, wem das Fahrrad gehört!«

Die zwei zogen maulend ab, und ich stellte das Rad wieder an den Laternenmast. Und dann kam mir eine tolle Idee! Ich holte die halbe Zeitungsüberschrift aus meiner Mappe. Nachdem ich das Papier möglichst rund gerissen und noch etwas dazugeschrieben hatte, klebte ich es mit einem Klecks Deckweiß wie einen Aufkleber auf das hintere Schutzblech.

»Von Anna für Alicia«, stand jetzt auf dem Aufkleber. Weiß auf Schwarz, wenn man den hellen Aufkleber und das schwarze Fahrrad betrachtete, und Schwarz auf Weiß, was Schrift und Papier anging.

Ich wußte von Bärbel, daß ihr Vater sein Rad daheim an der Hauswand abstellte, so, wie er auch alles Werkzeug und seine Gerätschaften dort liegen und stehen ließ, wo er sie zuletzt gebraucht hatte. Bärbels Aufgabe war es, ab und zu wieder alles aufzuräumen und zusammenzutragen. »Und wenn sie heute abend das Rad in den Schuppen schiebt«, dachte ich mir, »dann wird sie den Aufkleber entdecken und verstehen, daß das ein Gruß von mir sein soll. Morgen wird sie mir sagen, wie witzig sie das gefunden hat. Morgen ist dann wieder alles in Ordnung!«

Neuntes Kapitel,
in dem von einem Einbrecher,
einem Schatz im
Geschirrschrank und großem
Lampenfieber die Rede ist

»Johanna, du mußt ab sofort darauf achten, daß immer alle Türen und Fenster geschlossen sind, wenn du aus dem Haus gehst und sonst keiner da ist«, rief Mutti mir zu, als ich heimkam.

»Wieso, hast du etwa Angst vor Einbrechern?«

»Ja. Und es gibt auch Gründe dafür. In der Hallwegstraße ist heute eingebrochen worden. Am hellichten Tag.«

»Was? Und bei wem?«

»Bei Frau Schneider. Sie war weggegangen und hatte die Terrassentür nicht ganz geschlossen. Als sie wiederkam, fehlten Geld, Schmuck und mehrere wertvolle Stücke aus ihrer Porzellan-Sammlung.«

»Frau Schneider? Kenne ich nicht.«

»Doch, doch, du kennst sie. Sie war unlängst auch bei der Ausstellung, die Frau Wiensberg für den Maler Wernicke organisiert hatte. Frau Schneider trägt immer zuviel Schmuck auf einmal. Sie ist dir sicher aufgefallen.«

»Ach die? Die so aussah wie ein Rauschgoldengel? Die mit dem Sonnenanhänger! Das ist Frau Schneider?«

Mutti nickte.

»Auf dem Foto, das die Zeitung über die Ausstellung veröffentlichte, ist Frau Schneider mit drauf.«

»Und was ist mit dem Einbrecher?«

»Einstweilen noch gar nichts. Jemand in der Straße hat erzählt, daß er in der fraglichen Zeit einen Mechaniker mit einer großen Werkzeugtasche gesehen hätte, aber er hat sich natürlich nichts weiter dabei gedacht.«

»Na klar, ich hätte auch gemeint, daß da ein Mechaniker ist, der bei irgendwem was zu reparieren hat, und daß er, wenn er fertig ist, in sein Auto steigt und zum nächsten Kunden fährt. Kann es denn nicht so gewesen sein?«

»Nein, eben nicht! In der Straße stand kein Auto. Es gab keinen Firmenwagen, verstehst du?«

»Komisch! Ach so –?«

»Ja. Es sieht so aus, als ob sich der Einbrecher nur als Mechaniker verkleidet hätte, um seine Beute in der Werkzeugtasche unauffällig wegzuschleppen. Wenn man sich das vorstellt! Der steigt einfach in eine Wohnung ein, rafft zusammen, was ihm paßt, und macht sich dann seelenruhig zu Fuß davon!«

»Oder auch mit dem Fahrrad!«

»Ja, vielleicht auch mit dem Fahrrad, aber gesehen hat das keiner.«

Ich ging ins Bad, um mir die Hände zu waschen, und als wir beide dann am Tisch saßen, vor dem dampfenden Apfelstrudel und der Vanillesoße, waren die rauschgoldengelhafte Frau Schneider und der Einbrecher zumindest vorübergehend nicht mehr so wichtig, denn jetzt hatte Mutti endlich Zeit, mir die Sache mit der Frau des Jahres ausführlich zu erzählen.

»Du weißt ja, daß die Auszeichnung ›Frau des Jahres‹ immer einer Frau in unserer Stadt verliehen wird, die ehrenamtlich etwas Besonderes geleistet hat . . .«

»Ja, ja, das weiß ich schon.«

»Im letzten Jahr war es eine pensionierte Lehrerin, die lange Zeit ausländischen Kindern umsonst Deutschunterricht gegeben hat.«

»Hmhm. Und diesmal sollst du es werden?«

»Ich bin vorgeschlagen worden. Das bedeutet überhaupt

noch nichts. Und außerdem wurde heute vormittag noch ein anderer Vorschlag eingereicht.«

»Wer?«

»Frau Wiensberg.«

»Was? Frau Wiensberg? Und warum?«

»Weil sie Künstler unterstützt. Weil sie Ausstellungen mit Bildern von jungen, unbekannten Malern organisiert, dafür sorgt, daß die richtigen Leute in diese Ausstellungen kommen, solche nämlich, die sich nicht nur für Kunst interessieren, sondern auch die Preise bezahlen können, und weil sie danach einen Betrag zugunsten von alten Malern überweist, die nicht mehr arbeiten können. Und abgesehen davon erreicht sie damit, daß in unserer Stadt auf kulturellem Gebiet ständig etwas Interessantes geboten wird.«

»Und du? Mit welcher Begründung bist zu vorgeschlagen worden?«

»Weil, nun ja, weil ich Vorsitzende vom Hausfrauenclub bin. Weil ich das jetzt seit fünf Jahren mache, und weil in dieser Zeit unser Club so viele Mitglieder bekommen hat, daß wir nach den beiden Sportvereinen der drittgrößte Verein geworden sind. Weil ich damit angefangen habe, die Kurse für die jungen Hausfrauen und die Hilfen für alte, alleinstehende Hausfrauen einzurichten. Wegen all dieser Aktionen eben, die es früher, als ich noch nicht Vorsitzende war, nicht gegeben hat.«

»Das stimmt ja auch! Das müßte doch ausreichen, um Frau des Jahres zu werden. Oder etwa nicht?«

»Soweit ist es noch lange nicht. Morgen gibt es erst einmal eine öffentliche Versammlung, auf der sich alle Kandidatinnen mit einer Rede vorstellen sollen.«

»Ach, diese Rede meintest du heute morgen. Und was weiter?«

»Nichts weiter. Du hast doch Frau Wiensberg unlängst selbst

erlebt. Kannst du dich erinnern, wie sie ihre Rede gehalten hat?«

»Ja, es waren so viele Fremdwörter drin, daß man für jeden Satz ein Lexikon gebraucht hätte.«

»Schon möglich. Aber ich meine jetzt nicht, was sie gesagt hat, sondern, wie sie es gesagt hat. Sie war völlig frei und sicher, nicht ein bißchen verlegen oder gar verkrampft.«

»Hast du etwa Angst?«

»Ja, etwas schon. Wenn ich nur daran denke, werde ich schon nervös.«

»Wieso eigentlich? Du hast bei deinem Hausfrauenclub doch auch schon mal eine Rede gehalten!«

»Nein. Ich habe bei unseren Versammlungen die Mitglieder begrüßt, habe sie hinterher wieder verabschiedet, und zwischendurch sagte ich ab und zu etwas zur Sache. Das ist etwas anderes, als vor einem fremden Publikum eine Rede zu halten, die auch noch so gut sein soll, daß sie die Zuhörer beeindruckt. So eine Rede habe ich eben noch nie gehalten.«

»Wenn es dir so zuwider ist, dann läßt du es einfach. Du mußt es doch nicht tun!«

»Doch, Johanna. Die Vorstandsdamen haben mich vorgeschlagen. Es gäbe keine bessere Werbung für unseren Club, wenn ich als erste Vorsitzende zur Frau des Jahres bestimmt würde. Und wenn ich bei einer Sache kneife, die im Interesse unseres Clubs ist, dann dürfte ich nicht mehr erste Vorsitzende sein.«

»Möchtest du denn Frau des Jahres sein?«

»Ich weiß es selbst nicht. Vielleicht hätte ich das mit der Rede noch hingekriegt, aber jetzt, da ich weiß, daß Frau Wiensberg sozusagen meine Konkurrentin ist, da sieht eben alles anders aus . . .« Mutti sah bedrückt auf ihren Teller, pickte einen Apfelkern auf, steckte ihn in den Mund und seufzte. »Ich kann leider nicht so frei und sicher sprechen wie sie. Und deshalb werde ich nicht nur mich, sondern auch unseren Club blamieren. Und Vati blamiere ich damit auch, und da du mit Cora in einer Klasse bist, werden auch deine Klassenkameradinnen davon hören, und so bist auch du davon betroffen.«

»Ach, was Cora so schwätzt, interessiert mich einen Dreck!«

»Johanna, ich bitte dich!«

»Stimmt doch aber! Und was sagt Vati?«

»Das wäre allein meine Entscheidung, hat er gemeint.«

»Und? Hast du dich nun entschieden?«

»Ja. Ich werde die Rede halten, obwohl ich deswegen schon die letzte Nacht kaum schlafen konnte. Aber ich werde es dennoch und dem Hausfrauenclub zuliebe tun. Mein Thema heißt ›Hausfrau heute und morgen‹. Du kannst mir die Daumen drücken. Ich werde es brauchen.«

Als ich in mein Zimmer ging, das noch genauso aussah wie am Morgen, setzte ich mich erst einmal auf meine Liege. In den letzten beiden Tagen war so viel passiert, daß ich mit dem Darübernachdenken nicht mehr nachkam.

Es tat mir gut, daß Mutti mir alles erzählt hatte. »So haben wir noch nie miteinander geredet«, dachte ich. »Das war ganz anders als unsere sonstigen Unterhaltungen. Kein einziges Mal hat sie mich spüren lassen, daß ich in ihren Augen für vieles noch zu jung, zu dumm und zu dämlich bin.«

Und dann wußte ich es ganz genau: Mutti hatte mir zum ersten Mal ihr Herz ausgeschüttet. Sie hatte mich zum ersten Mal wie einen Partner behandelt.

Sie hatte mich gebraucht, weil sie diesmal ihrer Sache nicht so sicher war wie sonst.

»Sie zweifelt an sich selbst, und vor Frau Wiensberg hat sie einen ziemlichen Bammel«, ging es mir durch den Sinn. »Da fehlt ihr eben die Erfahrung, die ich mit Cora habe. Ich lasse mich von der schon lange nicht mehr einwickeln – aber Mutti

hat Coras Mutter gegenüber beinahe einen Minderwertigkeitskomplex!«

Was hatte sie gemeint, gestern, als ich noch ihre Gedanken
lesen konnte? »Jeder würde mich kennen. Endlich wäre ich
auch einmal Gertrud Bausch und nicht immer nur die Frau
vom Filialleiter Bausch!«

Ja, so hatte sie es empfunden. Sie wollte Frau des Jahres werden, sie wollte es sogar sehr. Daß sie es nur dem Hausfrauenclub zuliebe versuchte, stimmte nicht so ganz, und daß
sie alles nur wegen der Vorteile für ihren Club auf sich
nahm, war nur die halbe Wahrheit. Sie wollte es auch für sich
selbst, und sie war bereit, es trotz ihrer Angst zu wagen. »Sie
hat Mut«, dachte ich. »Wie schade, daß ich ihre Gedanken
nicht mehr lesen kann . . .«, und das brachte mich in die
Gegenwart zurück.

Ich kniete mich auf den Teppichboden und suchte ihn ganz
systematisch Stück für Stück ab. Ich tastete mit den Augen
und mit den Händen alle Fußboden- und Möbelleisten ab,
wedelte mit der Gardine, untersuchte das Fensterbrett und
räumte meinen Schreibschrank ab. Es war alles umsonst. Das
zweite Kümmelkorn war und blieb verschwunden.

Während ich in meinem Zimmer alles absuchte, war Mutti
im Garten gewesen. Als sie wieder ins Haus kam, rief sie
mich, und etwas in ihrer Stimme ließ mich aufhorchen.

»Stell dir vor, es gibt etwas Neues von diesem Einbrecher.
Frau Baum hat es mir eben erzählt. Er hat doch eine Spur hin-
terlassen. Er ist wirklich mit dem Fahrrad gekommen, genau,
wie du vermutet hattest! Die Polizei hat das Fahrrad gefunden.«

»Doch mit einem Fahrrad?« wiederholte ich. Plötzlich bekam
ich ein seltsam-unbehagliches Gefühl.

»Ja! Die Polizei hat das Rad in der Birkenstraße gefunden
und alle Leute darüber befragt. Es gehört niemandem. Es

muß das Rad von diesem Einbrecher sein. Frau Baum hat es von Frau Schneider erfahren, und Frau Schneider glaubt, daß die Polizei davon überzeugt ist, daß es das Rad ist, mit dem der Einbrecher gekommen ist.«

»Warum hat er es dann stehenlassen?«

»Keine Ahnung. Vielleicht mußte er auf einem anderen Weg flüchten, so daß er nicht mehr dazu kam, sein Rad wieder abzuholen.«

»Was war es denn für ein Fahrrad?«

»Das weiß ich nicht, oder doch, warte mal, ein schwarzes war es. Aber kein Markenfahrrad, wie Frau Baum erzählte, mehr so ein Selbstgebasteltes. Johanna? Was machst du denn für ein Gesicht? Hast du etwa wieder Kopfschmerzen?«

»Nein, nein, warum?«

»Du siehst so angestrengt aus!«

»Ich versuche bloß, mich an etwas zu erinnern.«

»Wirklich? An was denn?«

»Ach, nichts Wichtiges. Ich habe eben nur darüber nachgedacht, was wir für morgen in Deutsch aufhaben! Ich komme nicht mehr drauf! Ich glaube, ich muß jemanden anrufen.«

Ich hatte es kaum gesagt, da läutete das Telefon. Es war Bärbel. »Kommst du mit Mathe zurecht?« fragte sie vorsichtig. Das war unsere Einleitung, wenn wir uns etwas Wichtiges am Telefon zu erzählen hatten. Wenn die Antwort darauf hieß: »Ich bin schon fertig«, dann bedeutete das, daß man nicht frei sprechen konnte. »Bis zur Hälfte«, als Antwort hieß: »Du kannst reden, aber mach schnell«, und die Erwiderung »Nein, ich kapiere überhaupt nichts« besagte, daß man allein im Zimmer und niemand sonst in Hörweite war, so daß man alles unverschlüsselt sagen konnte.

»Bis zur Hälfte hab ich's«, sagte ich deshalb, denn Mutti tat irgend etwas im Wohnzimmer, und die Schiebetür zwischen Wohnzimmer und Arbeitszimmer stand halb offen.

»Stell dir vor, was ich gefunden habe«, sprudelte Bärbel los. »Einen ganzen Haufen Klunker, Ringe, Broschen, Ketten, Anhänger, irrsinnig!«

»Wo!«

»In unserer Scheune, im Lager! Ich hatte ein Stückchen Teppich für mein Studio gesucht, einen Bettvorleger oder so was. Und weil Vater solche Sachen wegen der Motten und wegen des Staubs in Schränken und Truhen aufhebt, habe ich in Schränken und Truhen gesucht. Und da habe ich es zufällig gefunden. In einem Küchenschrank, ganz hinten!«

»Nein! Und wann?«

»Na, eben erst, vor einer halben Stunde vielleicht. Da sind tolle Sachen dabei, genug um drei Faschingsprinzessinnen herauszuputzen. Super, sage ich dir!«

»Ach, Faschingsschmuck ist es?«

»Natürlich! Was soll es denn sonst sein? Weißt du was? Komm her und such dir was aus! Du, da sind Anhänger dabei, so etwas hast du noch nicht gesehen!«

»Ja, ja, aber die Sachen gehören dir doch gar nicht. Ich meine, wie kannst du mir was schenken? Oder hast du deinen Vater schon gefragt?«

»Nein, wie denn? Er liegt bereits seit gestern abend im Schuppen, weil es ihm wieder mal schlecht geht. Da ist er nicht ansprechbar. Aber das ist überhaupt kein Problem, ich kann ihn auch noch nachträglich fragen. Ich bin ganz sicher, daß ich alles behalten darf. War beim ersten Mal auch so. Also, was ist, kommst du oder kommst du nicht? Interessiert es dich am Ende gar nicht?«

»Doch, doch, natürlich interessiert es mich«, sagte ich ohne jede Begeisterung, »aber heute nachmittag geht es nicht, weil nämlich –«

Ohne daß sie es ahnte, kam Mutti mir in dem Moment zu Hilfe. »Johanna?« rief sie vom Wohnzimmer her, und sie rief so laut, daß Bärbel es am Telefon mitkriegen mußte. »O Schreck, o Graus, der Ofen ist aus«, wisperte ich in den Hörer. Das war unsere Schlußformel, wenn man nicht weitersprechen konnte. »Ja, danke, bis morgen dann, tschüß!« sagte ich laut und legte auf.

»Weißt du jetzt wieder, was du in Deutsch aufhast?« fragte Mutti.

»Ja, ja, alles in Ordnung!«

Ich ging in mein Zimmer, schloß die Tür, als wollte ich bei meinen Deutschhausaufgaben nicht gestört werden, und warf mich auf die Liege. Nichts war in Ordnung, aber auch gar nichts.

»Die Polizei ist überzeugt davon, daß es das Rad ist, mit dem der Einbrecher gekommen ist«, hörte ich Mutti in Gedanken sagen. Und ich hatte das Rad sofort erkannt! Es gehörte Herrn Silberberg, da war ich sicher. Und den Aufkleber, mein Gott, den hatte ich ja überhaupt nur deshalb draufgeklebt, weil ich hundertprozentig sicher war, ein Rad von Herrn Silberberg vor mir zu haben. Es sollte eine nette Botschaft, ein Jux-Gruß für Bärbel sein – hatte ich nicht damit den Beweis geliefert, daß ihr Vater ein Einbrecher und Dieb war? Aber nein, niemand konnte wissen, woher der Aufkleber kam, und wer sollte schon erraten, was die Aufschrift zu bedeuten hatte?

Ich wollte Bärbels Faschingsschmuck nicht sehen, weil ich Angst davor hatte, daß es kein Blechschmuck war. Und damals, vor eineinhalb Jahren, hatte sie da wirklich harmlosen Glitzerkram gefunden? Diese Angewohnheit von Herrn Silberberg, sich ab und zu in seinen Schuppen zurückzuziehen, weil er sich angeblich schlecht fühlte, war das etwa nur eine Ausrede? Er ließ alle im Glauben, daß er mit der Fußballzeitung und einer Flasche Bier auf der Couch liege, und in Wirklichkeit fuhr er in der Gegend herum und ging auf

Einbrechertour? Über diesen Verdacht konnte ich doch nicht mit seiner Tochter reden! »Mein Vater stiehlt nicht«, hatte sie damals bei der Geschichte mit dem Schreiber-Schlumpf zu mir gesagt, und wie überzeugt das geklungen hatte! Darüber konnte ich aber auch nicht mit meinen Eltern oder mit der Polizei reden! Es ging mir im Grunde nicht so sehr um den Schmuck und auch erst in zweiter Linie um Herrn Silberberg. Aber um Bärbel ging es mir! Wie würde sie es auffassen? Sie mochte ihren Vater, das wußte ich. Falls bekannt wurde, daß ihr Vater ein Einbrecher und Dieb war, würde unsere Freundschaft zu Ende sein müssen. Wie Mutti reagieren würde, das wußte ich schon jetzt. Was sollte ich tun? Was sollte ich bloß tun?

Einstweilen konnte ich nichts tun, außer darauf hoffen, daß sich die Sache mit dem Fahrrad irgendwie anders aufklären würde, daß ich mich vielleicht doch geirrt hatte, daß Herr Silberberg es bereits vor mehreren Tagen dort hatte stehenlassen, oder daß die Polizei nie herausfände, wem das Rad gehörte. Und außerdem war bei uns an diesem Abend noch einiges los. Mutti hielt nämlich ihre Generalprobe.

Vati und ich stellten alle unsere Stühle hintereinander auf, so wie bei einer Versammlung, und setzten uns dann erwartungsvoll hin. Mutti stellte sich hinter einen Stuhl mit besonders hoher Lehne, das sollte das Rednerpult sein.

»Meine Damen und Herren«, begann sie – und dann stockte sie schon. »Sollte ich nicht besser ›Meine sehr geehrten Herren, meine Damen‹ sagen? Ich meine, wäre das nicht höflicher?«

»Wenn du denkst? Aber vielleicht sind gar keine Männer da?«

»Hm. Gut, das entscheide ich dann, sobald ich sehe, ob welche da sind oder nicht. Also: Meine sehr geehrten Damen und Herren –«, sie unterbrach sich von neuem. »Wie soll ich mich eigentlich hinstellen? Eher breitbeinig oder soll ich das Gewicht auf ein Bein verlagern? Und vor allem, was mache ich mit meinen Händen?«

»Damit hältst du die Rede fest«, sagte Vati. »Schau, es ist ganz einfach. Du mußt dich locker hinstellen, locker, sagte ich, und so hältst du dein Redemanuskript. So, ja?«

»Ich habe Angst, daß man sieht, wie sehr meine Hände zittern!«

»Aber was! Deine Zuhörer sitzen weit entfernt. Niemand kann das sehen!«

»Aber wenn meine Stimme zittert, übers Mikrophon sogar, das ist dann nicht zu verbergen. Das kriegt jeder mit. Und meine Stimme wird bestimmt zittern. Ich darf gar nicht daran denken!«

»Das ist ganz normales Lampenfieber. Das legt sich auch wieder. Jetzt fang mal an mit deiner Rede!«

Mutti atmete zweimal tief durch. »Meine sehr geehrten Damen und Herren, das Thema meiner Rede heißt ›Hausfrau heute und morgen‹, und zu diesem vielschichtigen Thema möchte ich ein paar Gedanken vortragen.«

»Hört – hört«, murmelte Vati neben mir.

»Heute ist es üblich, daß sich manche Frauen, wenn sie nach ihrem Beruf gefragt werden, als Hausfrauen bezeichnen. Das klingt zwar viel besser als die Angabe ›ohne Beruf‹, so wie das früher war, aber dennoch ist die Berufsangabe Hausfrau auch heute noch nicht viel mehr wert als das Papier, worauf sie steht –«, Mutti brach ab.

»Was ist?« fragte Vati. »Warum sprichst du nicht weiter?«

»Wenn ihr mich so prüfend, so gespannt und abschätzend anseht, komme ich aus dem Konzept. Und wenn ich euch ansehe, vergesse ich meinen Text.« Mutti stöhnte und hielt sich die Hand vor Augen. »Das wird die reinste Katastrophe«, murmelte sie verzweifelt, »wie konnte ich mich nur darauf einlassen!«

Vati legte beruhigend den Arm um sie. »Alles halb so schlimm, Gertrud. Du brauchst deine Zuhörer nicht anzusehen. Wenn du Angst hast, daß sie dich durcheinander bringen, dann schau einfach auf die Wand hinter den Zuhörern. Die Wand lenkt dich nicht ab!«

»An die Wand mir gegenüber?« wiederholte Mutti zweifelnd. Aber dann lächelte sie dankbar über den guten Tip, stellte sich wieder hinter den hochlehnigen Stuhl und versuchte einen neuen Anlauf.

»Hausfrau hat mit dem Begriff Beruf, so wie er im Arbeitsleben verstanden wird, kaum etwas gemeinsam. Jemand, der im Beruf steht, hat Pflichten und Rechte. Was die Pflichten einer Hausfrau ausmachen, brauche ich Ihnen nicht zu erzählen. Die meisten von Ihnen wissen das aus eigener Erfahrung. Wo aber sind die Rechte der Frau, die von Beruf Hausfrau ist? Hat sie das Recht auf Lohn oder Gehalt, wie jede Frau, die außer Haus berufstätig ist? Hat sie ein Recht auf Urlaub? Anspruch auf berufliche Weiterbildung? Bekommt sie Krankengeld? Oder werden ihr die Überstunden bezahlt, falls sie mehr als acht Stunden täglich arbeitet? Nein, sie bekommt nichts von alledem, und später erhält sie nicht einmal eine eigene Rente –«

»Na, hör mal!« sagte Vati verblüfft. »So einseitig kann man das doch nicht sehen. Das klingt ja – das klingt, als wärst du eine ausgebeutete Sklavin!«

»Oder eine Frauenrechtlerin!« sagte ich.

Mutti sah uns verwirrt an. »Weshalb kann man das nicht so sehen? Stimmt es etwa nicht?«

»Nein! Oder doch, natürlich stimmt es ... aber weißt du, es stört mich, daß du nur die negativen Seiten herausstellst und so tust, als ob die Hausfrau überhaupt keine Vorteile hätte!«

»Welche Vorteile meinst du denn?«

»Denk doch bloß an dich! Mußt du etwa in aller Früh' aufstehen, um an deinen Arbeitsplatz zu fahren? Bei Wind und Wetter, meilenweit und durch den dicksten Berufsverkehr? Nein, du stehst morgens auf und bist an deinem Arbeitsplatz! Mußt du dich mit einem Chef und unfreundlichen Kollegen herumschlagen? Keine Spur, du bist gewissermaßen selbständig und dein eigener Herr! Gertrud, du kannst dir doch die Arbeit selbst einteilen, kannst Pausen machen, wann und so lange du willst, und wenn du mal keine Lust hast, dann kannst du eine Arbeit aufschieben oder sogar ganz sein lassen, ohne daß du irgend jemandem dafür Rechenschaft schuldig bist. Ist das vielleicht nichts? In welchem Betrieb gibt's denn so was? Das kann sich doch nur eine Hausfrau leisten!«

»Willst du mir damit klarmachen, daß alles, was du bisher von meiner Rede gehört hast, Unsinn ist? Ja? Ist das Unsinn? Meinst du, daß ich mich damit lächerlich mache?«

»Aber nein, Gertrud, nein, das will ich nicht damit sagen! Im Gegenteil, es klingt nicht übel und ist sogar gut formuliert. Aber, überleg dir doch, vor wem du diese Rede hältst! In der Mehrzahl wird dein Publikum aus guten, treuen und braven Hausfrauen bestehen, die von dir, als der Vorsitzenden des Hausfrauenclubs, eine freundliche Rede erwarten, die ihnen bestätigt, daß eine Hausfrau wertvolle und sinnvolle Arbeit leistet. Und dann willst du hingehen und ihnen erzählen, wie dumm sie sind, weil sie ihre Arbeit tun, ohne dafür Gehalt oder Überstundenbezahlung zu bekommen? Sie werden dich nicht verstehen, und sie werden bestimmt nicht begreifen, weshalb ausgerechnet die Vorsitzende des Hausfrauenclubs so tut, als müsse sie zur Revolution blasen!«

Mutti sank auf den nächsten Stuhl. Sie war völlig verunsichert. Man sah es ihrem Gesicht an. Sie war so niedergeschlagen, wie ich sie noch nie erlebt hatte.

»Ich finde das nicht richtig von dir«, sagte ich aufgebracht zu

Vati. »Statt daß du sie erst mal ganz anhörst und ihr Mut machst, unterbrichst du sie schon nach den ersten Sätzen und kritisierst!«

Vati wandte sich verdutzt um. »Hallo, hallo, fallt ihr jetzt zu zweit über mich her? Hanna, verstehst du es denn auch nicht? Wenn Mutti sich vor Hausfrauen mit einer Rede als künftige Frau des Jahres empfehlen möchte, dann kann sie doch nicht ausgerechnet die Hausfrauen verärgern. Das wäre doch ungeschickt!«

»Ist schon gut«, sagte Mutti, »ich habe es ja begriffen. Wahrscheinlich hast du recht. Das mit dem Lockerhinstellen und an die Wand schauen hätte ich bis morgen üben können. Aber wenn jetzt auch noch der Inhalt der Rede nichts taugt, dann kann ich es bleibenlassen. Denn dann stimmt überhaupt nichts mehr –«

»Aber wieso denn?« Vati unterbrach sie. »Die Tatsachen, die du vorhin aufgezählt hast, stimmen ja. Du mußt nur die Rede umstellen, damit der Anfang nicht so aggressiv klingt. Du solltest den Zuhörern etwas mehr Zeit lassen, um deine Argumente zu verstehen.«

»So! Und wie?«

»Tja, wie . . . du könntest vielleicht so anfangen: Die Arbeit der Hausfrau gehört zu den ältesten Tätigkeiten der Menschheit. Bereits in der Steinzeit war sie lebensnotwendig –«

Ich mußte laut lachen.

»Was ist daran so komisch?« fragte Vati irritiert.

»Wenn bei uns jemand seine Deutscharbeit so anfängt, kriegt er vom Ströml von vornherein eine schlechtere Note. Im-Urschlamm-wühlen nennt der Ströml das. Das sei ein Adam-und-Eva-Anfang, sagt er.«

»Tatsächlich?« Vati runzelte die Stirn. »Na, wenn schon. Ein Deutschaufsatz mag ein Deutschaufsatz sein, aber eine Hausfrauenrede ist schließlich eine Hausfrauenrede.«

»So ganz unrecht hat Johanna mit ihrem Einwand nicht«, meinte Mutti. »Mein Thema heißt doch ›Hausfrau heute und morgen‹. Ich will ja keine Rede über die Geschichte der Hausfrauenarbeit seit Beginn der Steinzeit halten. Es soll ein aktueller Vortrag sein und Bezug zur Zukunft haben. Eben ein Thema von heute für Frauen von heute.«

»Ich finde, du solltest das allein machen«, sagte ich. »Es ist dein Thema und deine Rede. Schließlich willst du doch Frau des Jahres werden und nicht Vati. Mir hat der Anfang gefallen. Da wurde man gleich neugierig, wie es wohl weitergehen wird.«

»Euch ist einfach nicht zu helfen. Aber bitte, ich halte mich da raus.« Vati zuckte vielsagend die Schultern, aber das war Mutti auch wieder nicht recht.

»Hubert, so war es doch nicht gemeint«, versuchte sie einzulenken. »Natürlich möchte ich deine Meinung wissen, und ich will auch deinen Rat. Ich hatte gehofft, daß du mir hilfst. Schau, ich habe doch nur noch diesen einen Abend.«

»Ja, eben, eben! Deswegen begreife ich nicht, weshalb du nicht mehr Einsicht zeigst.«

»Liest du dir die Rede wenigstens mal durch?« bat Mutti. Vati schnaubte kurz, aber dann setzte er sich neben sie und begann die Hausfrauenrede zu studieren.

»Was ziehst du denn an?« fragte ich.

»Das neue Kleid, das ich mir unlängst gekauft habe. Das mit dem angekrausten Rock.«

»Das süßliche Bonbonrosa?« fuhr es mir heraus, weil mir in dem Moment einfiel, was Frau Metzler darüber gedacht hatte.

»Das ist kein Bonbonrosa, sondern ein sehr dezentes Altrosa«, sagte Mutti gereizt. »Bonbonrosa ist ganz anders!« Ich sagte nichts mehr, sondern verzog mich in mein Zimmer.

»Wie das wohl ausgehen wird?« fragte ich mich. »Einerseits will Mutti was Eigenes tun, und andererseits traut sie sich doch nicht. Erst fragt sie Vati um Rat, aber dann gefällt ihr nicht, was er meint. Kann sie nicht endlich einmal etwas von Anfang bis Ende allein entscheiden und durchziehen?«

Je länger ich über diese Frau-des-Jahres-Geschichte nachdachte, um so größer wurden meine Zweifel, ob das für meine Mutter gut wäre. Gegen Frau Wiensberg zu bestehen, war sicher nicht einfach. Die war schließlich schon emanzipiert, und Mutti wollte es gerade erst versuchen. Und wenn Mutti es nicht erreichte? Dann würde sie nie mehr etwas Ähnliches tun. Dann würde sie sich in Zukunft voll und ganz hinter Vati und seiner Stellung als Filialleiter verstecken.

»Wenn sie einen Minderwertigkeitskomplex bekommt«, dachte ich bei mir, »wird das auch an uns ausgehen. Dann wird sie für Vati und mich noch ehrgeiziger werden als bisher. Und wenn sie es schafft, dann wird sie weniger Zeit haben für die Familie. Und das heißt natürlich, daß sie mich strenger an der Leine halten wird, damit trotzdem alles so reibungslos weitergeht wie bisher. Egal, wie es wird, wir werden es zu spüren kriegen!«

Das zehnte Kapitel
erzählt von einem schlimmen Verdacht,
einer schrecklichen Begegnung
und einem verschlüsselten
Telefongespräch

Am nächsten Morgen hörte ich den Wecker nicht. Als ich dann zum Frühstück kam, war Mutti so nervös, daß sie den Kaffee verschüttete und mich vollspritzte. Ich mußte mich auch noch umziehen, und prompt kam ich beim Ströml wieder zu spät.

»Johanna Bausch« sagte er spitz, »einmal Zuspätkommen in zehn Jahren halte ich für entschuldbar. Zweimal in einer Woche nicht. Du schreibst bis zum nächsten Mal ein Stundenprotokoll, und wenn du noch einmal nicht rechtzeitig da bist, dann schreibst du ein Wochenprotokoll!«

»Das darf er gar nicht«, flüsterte Bärbel neben mir, aber ich machte mir nicht viel daraus. Ich hatte andere Sorgen, als mich über Strömls Wichtigtuerei aufzuregen. Ströml hatte die Angewohnheit, während des Unterrichts durch die Reihen zu gehen und mal bei diesem, mal bei jenem stehenzubleiben. Als er ein Stück weit weg war, stubste mich Bärbel an. Sie öffnete die obersten Knöpfe ihrer Strickjacke und ließ mich auf ein schwarzes T-Shirt sehen. An dem T-Shirt war nichts Besonderes, aber an dem, was sie darauf trug, schon. Es war ein runder Anhänger mit dünn auslaufenden Spitzen am Rand, und er sah so aus wie eine kleine Sonne. Ich kniff entsetzt die Augen zusammen, und Bärbel mußte glauben, daß ich überwältigt sei.

»Toll, was?« raunte sie, »davon gibt's noch mehr. Für dich auch!«

»Mach deine Jacke zu«, wisperte ich zurück, »sofort!«

Sie sah mich verständnislos an, schloß dann aber die Knöpfe und sagte während der ganzen Stunde kein Wort mehr zu mir. Ich versuchte, mir ein paar Notizen zu machen, aber ich konnte mich einfach nicht auf Strömls Unterricht konzentrieren. Immer wieder zerbrach ich mir den Kopf darüber, wie ich es Bärbel schonend beibringen könnte, ob ich überhaupt etwas sagen sollte und wie ich sie davon abhalten könnte, den Anhänger in der Schule zu tragen. Wenn Cora, Tanja oder Andrea ihn sehen und sich an Frau Schneider erinnern würden!

In der Pause zog ich Bärbel in eine Ecke des Schulhofs. »Jetzt zeig mal den Superanhänger!« forderte ich sie auf.

»Warum?« gab sie unfreundlich zurück. »Ich habe nicht den Eindruck, daß dich das übermäßig interessiert! Gestern, am Telefon, fand ich dich auch schon so komisch.«

»Ach komm, ich konnte gestern nachmittag nicht weg. Wirklich!«

»Und warum sollte ich meine Jacke wieder zuknöpfen?«

»Warum, warum! Wir haben fast Sommer, willst du dich mit deinem Fastnachtsschmuck lächerlich machen?«

»Was heißt denn da lächerlich! Dieser Anhänger ist nicht halb so lächerlich wie dein indischer Senflöffel. Meinen Anhänger könnte man beinahe für echt halten. Da, schau her!«

Sie zog ihn unter der Jacke hervor. Es war der Schmuck von Frau Schneider. Ich konnte mich nicht irren, jedenfalls nicht bei Anhängern. Dafür hatte ich einen Blick!

»Ja, tatsächlich«, sagte ich etwas mühsam. »Man könnte ihn für echt halten!«

»Nicht wahr?« Bärbel lächelte und war schon wieder halb versöhnt. »Du solltest erst die anderen Sachen sehen. Phantastische Ketten sind darunter und tolle Ringe. Da, nimm ihn mit!

Du kannst zu Hause vor dem Spiegel mal probieren, ob er dir steht.« Sie streifte mir den Anhänger über, und ich ließ es, halb benommen und halb fasziniert, mit mir geschehen.

»Hast du den anderen Schmuck im Küchenschrank gelassen?« fragte ich.

»I wo, das wäre doch viel zu umständlich! Du weißt ja, daß mein Vater es nicht mag, wenn ich durch sein Lager stapfe, weil er meint, daß ich dabei jedesmal was kaputtmachen würde. Ich kann doch nicht wegen jeder Kette und jedem Armband einzeln durchs Lager gehen! Ich habe den Schatz gleich mitgenommen, ich habe ihn bei mir in meinem Zimmer, und keiner, außer dir, weiß etwas davon.«

»Ich finde, daß du trotzdem erst mit deinem Vater reden solltest, bevor du den Schmuck in der Schule trägst. Schließlich handelt es sich um sein Lager und seine Sachen.«

»Keine Sorge, das tue ich schon noch. Ich habe dir doch gestern schon gesagt, daß er im Moment wieder auf seinem Sofa im Werkstattschuppen liegt und sich erholen muß.«

»Schon lange?«

»Seit vorgestern abend. Warum?«

»Ich dachte, daß ich ihn gestern mit dem Fahrrad gesehen hätte . . .«

»Nein, das kann nicht sein.«

Irgendwie schien sie meine Unruhe zu spüren. »Was ist eigentlich mit dir los?«

»Nichts, nichts.«

»Was ist jetzt? Kommst du heute nachmittag, um dir den Schmuck anzuschauen?«

»Ja.«

»Gehst du nicht mit deiner Mutter, wenn sie ihre Rede hält?«

»Nein. Sie will keinen von uns dabei haben. Das würde sie nur noch nervöser machen, hat sie gesagt. Ich komme irgendwann zwischen zwei und drei.«

»Gut. Wenn du den Anhänger nicht willst, dann bringe ihn wieder mit. Du kannst dir was anderes aussuchen!«

Beim Nachhausegehen drehten sich meine Gedanken wieder mal im Kreis herum. Lauter Fragen, auf die ich keine Antwort wußte, lauter Fragen, die ich nur mir selbst und niemand anderem stellen konnte. Hatte ich Frau Schneiders Anhänger erkannt oder hatte ich mich geirrt? War das logisch, daß jemand gestohlenen Schmuck in einem alten Küchenschrank aufhob? Bärbel hatte ihn zufällig entdeckt, weil sie sich über das Verbot ihres Vaters, im Lager herumzustapfen, hinweggesetzt hatte. Wieso hatte er das eigentlich verboten? Bei den meisten Sachen, die dort herumstanden, war ja kaum noch etwas kaputtzumachen!

Als ich heimkam, stellte mir Mutti das Essen hin und setzte sich zu mir.

»Ißt du etwa nichts?«

»Mir ist die Kehle zugeschnürt. Ich brächte keinen einzigen Bissen hinunter.«

»Diagnose Lampenfieber. Eindeutig!«

Mutti lächelte, stand auf, setzte sich, strich sich über das Haar, an dem es nichts herumzustreichen gab, stand noch einmal auf und blieb dann endlich bei mir sitzen.

»Wann gehst du denn?« fragte ich.

»Um halb zwei. Um zwei soll ich dort sein. Ich muß auch die Leute vom Hausfrauenclub begrüßen, schließlich kommen sie ja mir zuliebe. Frau Wiensberg spricht zuerst.«

»Ach, weil du Wiensberg sagst: Du meintest doch, ich hätte die Frau Schneider damals auf der Ausstellung kennengelernt. Zeigst du mir mal den Zeitungsausschnitt mit dem Foto?«

»Ich habe ihn in einem Aktenordner aufgehoben, der im Wohnzimmerregal unten links steht. Du kannst ihn dir nachher holen.«

»Hat man noch etwas über den Einbrecher gehört?«

»Nein, über den Einbrecher nicht, aber über das Rad, mit dem er gekommen sein muß.«

»Ja? Was denn?«

»Zwei kleine Jungen hatten das Rad entdeckt und erst eine Zeitlang damit gespielt. Jetzt erzählten sie der Polizei, daß dann ein großes Mädchen gekommen sei und sie deshalb ausgeschimpft habe. Das Mädchen soll gesagt haben, sie wüßte, wem das Rad gehört. Sie versuchte, die beiden Jungen zu verscheuchen. Aber die zwei versteckten sich hinter einer Hecke, und von dort aus sahen sie, wie das Mädchen etwas auf einen Zettel schrieb und den Zettel dann auf das hintere Schutzblech klebte. ›Von Anna für Alicia‹ stand auf dem Aufkleber. Merkwürdig, nicht? Das Mädchen soll einen roten Pulli angehabt haben, und die beiden Jungen berichteten, daß sie blonde Haare und einen Pferdeschwanz –«

Mutti verstummte und blickte mich erstaunt an. »Johanna?« fragte sie verwirrt. »Roter Pulli, blonder Pferdeschwanz? Die Zeit stimmt und – und – und Alicia, ist das nicht das Spiel, das du immer mit Bärbel –?« Sie wurde immer unruhiger. »Johanna! Warst du dieses Mädchen?«

Ich sah starr auf meinen Teller. Ich wollte sie nicht ansehen, und ich wollte ihr nicht antworten. Ich hatte die beiden kleinen Jungen vergessen! Nun würde doch alles herauskommen, ich hatte, ohne es zu wollen, die Polizei auf die richtige Spur gebracht; meine Hoffnung, daß sich alles auflösen und als harmlos herausstellen würde, hatte sich endgültig zerschlagen. Jetzt würde man Herrn Silberberg verhaften. »Bärbel wird mir das nie verzeihen können«, dachte ich, »nie!«

»Johanna!« Muttis Stimme klang schrill. »Antworte mir bitte! Warst du das Mädchen? Ja oder nein?« Sie faßte mich unters Kinn und hob meinen Kopf, so daß ich sie ansehen mußte. Ich schloß die Augen, aber für Mutti war das eine Antwort.

»Kanntest du das Rad? Wußtest du, wem es gehört? Hast du das den beiden Jungen wirklich gesagt?« Sie hielt einen Augenblick ein, weil ihr etwas durch den Kopf zu gehen schien, und dann wußte sie auch schon Bescheid. »Natürlich! Natürlich, es reimt sich ja alles zusammen! Anna soll wohl Johanna bedeuten, und mit Alicia war Bärbel gemeint. Du erkanntest das Rad von Bärbel, oder besser gesagt, du erkanntest, daß es ein Rad von Silberbergs war, nicht wahr? Johanna, um Himmels willen, so sag doch endlich was! Sag mir jetzt sofort die Wahrheit!« Ich schüttelte schweigend den Kopf.

Mutti packte mich an den Schultern und beutelte mich.

»Was soll denn das?« schrie sie, »warum sagst du nichts? Du wirst doch nicht einen Einbrecher schützen wollen! Weißt du überhaupt, was du damit tust und was das für deinen Vater bedeuten kann?« Sie brach ab und erstarrte. »Du hast das schon länger gewußt! Deine Fragen unlängst, ob ich jemanden, der in einem heruntergekommenen Haus lebt, für einen Dieb halten würde! Jetzt fällt es mir wie Schuppen von den Augen! Du hast es schon lange gewußt und hast nichts gesagt. Bist du wahnsinnig? Bist du völlig wahnsinnig? Deine ganze Familie kann dadurch in Verdacht kommen! Dein Vater, ein angesehener Filialleiter, deine Mutter, vielleicht Frau des Jahres – und du deckst einen Verbrecher! Du bist eine Mitwisserin! Warum hast du nichts gesagt? Wegen Bärbel? Das ist kein Spiel mehr. Bei so etwas hört der Spaß auf und die Freundschaft auch. Verstehst du denn das nicht?«

Sie schüttelte mich noch stärker, verzog dabei meinen Blusenkragen, und so kam es, daß sie neben der Medaillonkette, die ich noch immer trug, eine zweite Goldkette an meinem Hals entdeckte. Sie gab ein ächzendes Stöhnen von sich und riß mir Bärbels Kette so heftig über den Kopf, daß ich glaubte, meine Ohren würden daran hängenbleiben.

»Was ist das? Wo hast du das her? Das – das ist doch echt!«
Ich schwieg weiter.

»Wo du das herhast, will ich wissen!« Sie schoß auf mich zu und schlug mir zweimal ins Gesicht. Sie schrie mich an, wie sie mich noch nie angeschrien hatte, und sie schlug mich, wie sie mich noch nie geschlagen hatte. Ich weinte, weil es mir äußerlich und innerlich weh tat. Aber ich sagte kein Wort.

Schließlich sank Mutti erschöpft auf ihren Stuhl. Ihr Keuchen ging ins Schluchzen über.

»Unsere Tochter ist eine Komplizin, eine Hehlerin, vielleicht eine Diebin. Und verstockt ist sie obendrein. Wenn das bekannt wird, kann Vati seine Stellung verlieren. Wir können das Haus verkaufen und wegziehen. Ist dir das eigentlich klar? Ist dir bewußt, daß die Mädchen in deiner Klasse dich ablehnen werden? Du hast unsere ganze Familie ins Unglück gestürzt!«

Eine Zeitlang blieb es still zwischen uns. Dann stand Mutti auf, ging zum Telefon und versuchte Vati zu erreichen. Von seiner Sekretärin erfuhr sie, daß er nicht da war.

»In einer Stunde kommt er erst zurück?« hörte ich Muttis Stimme aus dem Arbeitszimmer. »Richten Sie ihm bitte aus, daß er mich von der Versammlung abholen soll, und sagen Sie ihm bitte, es sei sehr dringend!«

Anschließend ging sie ins Schlafzimmer, um sich umzuziehen. Wenig später kam sie in ihrem rosa Kleid wieder zu mir zurück. Ich hatte mich nicht vom Fleck gerührt. Ihr Gesicht war blasser als blaß.

»Ich werde dem Hausfrauenclub nicht dadurch schaden, daß ich meine Rede nicht halte«, sagte sie mit tonloser Stimme. »Es wird sowieso das Letzte sein, was ich für ihn tun kann. Du gehst nicht aus dem Haus. Du bleibst hier, bis Vati und ich zurückkommen!« Sie ging hinaus, und als sie draußen war, sperrte sie von außen die Tür ab.

»Das ist schlimmer als Hausarrest«, dachte ich. »Eingesperrt hat sie mich, eingesperrt wie eine Schwerverbrecherin!«

Ich ging ins Bad, um mir das brennende Gesicht mit kaltem Wasser zu kühlen. Das Telefon läutete, aber Vati konnte es nicht sein, und Bärbel, zu der ich erst später kommen wollte, wohl auch nicht. Ich ließ es klingeln. Ich wollte mit keinem reden, von niemandem etwas wissen, ich wollte in Ruhe gelassen werden. Schließlich hörte es auf. Im Wohnzimmer holte ich mir aus dem Regal unten links den schmalen Aktenordner mit der Aufschrift »Kunstausstellungen«. Ich blätterte zwischen abgehefteten Einladungen und Ankündigungen, zwischen Prospekten, Preislisten und Zeitungsartikeln. Und dann hatte ich den Bericht über die letzte Ausstellung von Frau Wiensberg und dem Maler Wernicke. Auf dem Foto hielt Frau Schneider gerade den Kopf von der Kamera abgewandt, aber ihr Anhänger war deutlich zu erkennen. Kein Zweifel, es war die kleine Sonne. Ich hatte mich nicht getäuscht!

Alles war so verfahren und so schrecklich, daß es schlimmer nicht sein konnte. In jenem Augenblick dachte ich ernsthaft daran, einfach abzuhauen. Ich würde eben durch ein Fenster steigen oder durch die Terrassentür in den Garten gehen und von dort aus dann immer weiter und weiter. Hier war sowieso alles kaputt und in Scherben. Mutti hielt mich für eine Hehlerin oder sogar Diebin, und Bärbel würde mich für eine Verräterin halten. Im Grunde konnte ich es weder meiner Mutter noch Bärbel verdenken. Ich hatte mit der Geschichte gar nichts zu tun – und doch steckte ich plötzlich mitten drin. Wie war das nur gekommen?

Während ich vor mich hin grübelte, läutete es anhaltend an der Tür. Es war mir egal. Erstens hätte ich sowieso nicht öffnen können, und zum anderen interessierte es mich nicht. Sollte doch da draußen stehen, wer wollte. Was würde Vati zu dieser verfahrenen Geschichte sagen? Würde er ebenfalls so außer sich geraten vor Wut wie Mutti? Würde er mich auch schlagen? Er hatte das noch nie getan. Aber er hatte erst unlängst zu mir gesagt, daß ich mit allen Problemen zu ihm kommen könnte. Ich war nicht zu ihm gegangen, er hatte keine Möglichkeit gehabt, mir zu helfen, und jetzt war es zu spät. Nun war nichts mehr zu helfen und zu retten. Um Bärbels Vater würde sich ab sofort die Polizei kümmern – und Bärbel? Ich wußte nicht mehr ein noch aus.

Mehrmals hatte es mir in den Fingern gezuckt, und ich war aus alter Gewohnheit drauf und dran gewesen, in meiner Not bei Bärbel anzurufen. Aber gerade sie konnte ich nicht anrufen. Sie wartete ahnungslos daheim in ihrem Zimmer oder in ihrem Studio auf mich, und das nächste, was sie von mir hören würde, war, daß ich der Polizei geholfen hatte, ihren Vater als lang gesuchten Einbrecher zu verhaften.

Ich saß mit hochgezogenen Beinen im Drehsessel am Kamin, einem Ledersessel, der eine so hohe Lehne hat, daß man von hinten nicht sofort erkennen kann, ob einer drinsitzt oder nicht. Ich hatte die Augen geschlossen. Ich verkroch mich in mich selbst, ich schrumpfte in mich hinein, und wenn es möglich gewesen wäre, hätte ich mich aufgelöst, bloß um nicht mehr da zu sein. Und weil ich so sehr mit mir, meinem Verkriechen, Schrumpfen und Auflösen beschäftigt war, hörte ich ihn nicht. Ich merkte nichts, als er den Gummisauger an die Terrassentür preßte, nichts, als er ein Stück Glas herausschnitt, durch das entstandene Loch griff und die Tür öffnete. Ich hörte erst ein Geräusch, als er schon im Wohnzimmer war. Als ich mich mitsamt dem Drehsessel umwandte, stand er mitten im Wohnzimmer. Ein Mann mit einer Strumpfmaske über dem Gesicht. Der Einbrecher.

In Büchern oder im Fernsehfilm wird einem oft erzählt, daß die überraschten Wohnungsinhaber schreien. Ich glaube, das stimmt nicht. Ich jedenfalls konnte nicht schreien. Ich brachte keinen Ton heraus. Ich war steif wie ein Tischbein und regungslos wie ein Stein. Der Einbrecher schien ebenfalls überrascht zu sein. Hatte er vielleicht vorher an der Tür geläutet? Hatte er angerufen, um sicher zu sein, daß niemand im Haus war?

Auf jeden Fall war er auf solche Situationen eher gefaßt als ich. Denn während ich ihn noch anstierte, griff er schnell in die Jackentasche und holte einen Revolver heraus. Er zielte auf mich.

»Ist noch jemand im Haus?« fragte er leise.

Ich schüttelte ruckartig den Kopf. Sprechen konnte ich nicht, und den Blick vom Revolver wenden konnte ich auch nicht. Er ließ mich nicht aus den Augen. Plötzlich packte er mit einem kurzen Griff die kleine Vase vom runden Tisch und warf sie an den Kamin. Es gab einen schrecklichen Krach, die Scherben flogen überallhin, ein Stück vom goldverzierten Rand landete auf meinem Schoß, und an der Kaminwand zeigte sich eine breite Schramme. Als daraufhin alles ruhig blieb, keiner rief und niemand angelaufen kam, glaubte er mir.

»Die Vase ist ein Erbstück von Tante Luise –« krächzte ich. »Sie dürfen doch nicht –«

»Halt den Mund! Da rüber!« Sein Kopf machte einen unmiß-verständlichen Schwenk in Richtung von Vatis Arbeitszimmer. Wahrscheinlich wollte er mich möglichst weit von der Terrassentür weg haben. Ich stand auf und ging folgsam, aber auch langsam durch die offene Schiebetür in Vatis Zimmer und blieb beim Schreibtisch stehen. Der Mann gab ein befriedigtes Grunzen von sich, steckte den Revolver endlich ein und sah sich im Wohnzimmer um.

Jetzt, da er mich nicht mehr direkt bedrohte, wuchs mein Zorn. Tante Luises Vase! Mutti hatte mir verboten, das kostbare Stück auch nur anzufassen, und dieser Idiot hatte sie mit voller Absicht an die Wand geschmissen. »Er hat nicht bemerkt, was für ein einmaliges Stück das war«, dachte ich – und dann stellte sich ein noch schrecklicherer Gedanke ein. Wenn er die Besonderheit der Vase nicht erkannte, dann war er vielleicht gar nicht an unseren wertvollen Stücken interessiert? War er etwa gar kein Einbrecher? Und wenn nicht, was wollte er dann?

Ich flüchtete mich hinter Vatis Schreibtisch, als ob ich dort in größerer Sicherheit wäre, preßte meine Hände vors Gesicht und versuchte mein Schluchzen zu unterdrücken. »Komm zurück, Mutti«, flehte ich in meinen Gedanken, »komm zurück!«

»Sei still, dann passiert dir nichts!« zischte er. Und dann, nachdem er noch einen Augenblick gewartet hatte, begann er im Wohnzimmer nacheinander alle Schranktüren und Schubläden zu öffnen, wobei er ab und zu prüfend zu mir herüber sah.

Er war wohl doch ein Dieb und ein kaltblütiger Einbrecher. Ich wurde etwas ruhiger, als ich ihm zusah, wie er nach und nach all das in seiner großen Werkzeugtasche verschwinden ließ, was Mutti einmal »die geschmackvollen Kleinigkeiten, die ein kultiviertes Heim ausmachen« genannt hatte. Er nahm den kleinen silbernen Hahn und den Messingmörser aus dem Regal, die Vase aus Bleikristall und die Schale aus geschliffenem Stein und vom Kaminsims die beiden Kerzenleuchter. Vor mir am Schreibtisch lag der silberne Briefbeschwerer, der zwar kaum zu etwas nütze war, der für Vati aber Erinnerungswert hatte. Ob er den übersehen würde? Könnte es mir gelingen, ein Stück Papier drüber zu schieben? Während ich nach etwas Passendem Ausschau hielt, mit dem ich den Briefbeschwerer verdecken könnte, sah ich noch etwas vor mir am Schreibtisch: das Telefon! »Wenn ich jetzt die Polizei anrufen könnte«, schoß es mir durch den Kopf. Sollte ich? Doch meine Angst war zu groß, ich wagte es nicht. Dann dachte ich daran, daß ich später, wenn alles vorbei war, mit der Polizei sprechen würde, und daß ich den Einbrecher dann beschreiben müßte. Auf einmal wurde mir fast schwach in den Knien: Wenn der Einbrecher in unserem Wohnzimmer derjenige war, der auch Frau Schneider beraubt hatte, dann war es jedenfalls nicht Herr Silberberg. Der Mann, der gerade seelenruhig unsere besten Stücke stahl, war nicht Herr Silberberg! Das war nicht seine Größe, nicht seine Figur und nicht seine Stimme. Ich mußte mich zusammennehmen, um nicht vor Erleichterung aufzustöhnen. »Bleib ruhig, bleib ruhig«, beschwichtigte ich mich selbst. »Das da drüben ist ein Fremder, ein Unbekannter. Reiß dich zusammen und schau ihn dir gut an. So genau, als müßtest du dem Ströml eine Bildbeschreibung liefern.«

Von seinem Gesicht war kaum etwas zu erkennen. Unter dem Strumpf war alles verschoben, zusammengepreßt und unförmig, eine teigige, unscharfe Masse. Ich beobachtete ihn, während er sich im Wohnzimmer zu schaffen machte. »Einsfünfundachtzig«, schätzte ich, denn er war größer als Vati, und Vati war einsachtzig. Was hatte er gesagt? Ist-noch-jemand-im-Haus? Halt-den-Mund, darüber! Sei-still, dann-passiert-dir-nichts! War da ein Dialekt zu hören gewesen? Nein. Ein ausländischer Akzent? Auch nicht. Er trug eine blaue Jeansjacke, eine blaue Latzhose, ich konnte verstehen, daß man ihn für einen Monteur gehalten hatte. Aber sonst war da nichts Besonderes, nichts Auffälliges. Oder doch? In dem Augenblick, als er ruhig da stand und unsere alte Zinnkanne prüfend in der Hand hielt, bevor er sie in seiner Tasche verschwinden ließ, da sah ich es. Seine Fußspitzen standen nicht leicht auseinander, so, wie es normalerweise der Fall ist, sondern neigten sich einander zu, berührten sich fast.

Ich konnte meinen Blick nicht von seinen Füßen wenden. Wer hatte mir nur etwas Komisches über Füße erzählt? Wer war das gewesen, wann und was war das gewesen? Plötzlich wußte ich es wieder, Bärbel hatte es mir erzählt. Ich konnte sie direkt hören. »Er hat große und breite Füße, und wenn er steht, dreht er die Fußspitzen nach innen, so daß die großen Zehen fast zusammenstoßen . . .«

Mir wurde fast schwindlig. Der Einbrecher im Wohnzimmer mußte Silberbergs Sommergast sein, der »Schüchterne!«

»An dem ist überhaupt nichts Besonderes«, hatte Bärbel damals gemeint, »der redet normal, geht normal und lacht normal.« Ja, und dennoch, an der kleinen Besonderheit, wie er seine Füße stellte, hatte ich ihn erkannt, so unverwechselbar erkannt, wie ich seinerzeit, bei unserem Alicia-Spiel, den schuftigen Moritz an seinen Sprüngen erkannt hatte. »Bärbel, wenn du wüßtest!« dachte ich bei mir – und dann läutete plötzlich vor mir am Schreibtisch das Telefon.

Schüchtern, der sich gerade an der entgegengesetzten Ecke im Wohnzimmer aufhielt, fuhr herum.

»Das-ist-meine-Freundin«, platzte ich heraus. »Wegen-der-Hausaufgaben. Wenn-ich-nicht-abhebe-ist-sie-in-fünf-Minuten-da!« Schüchtern stand einen Moment lang unentschlossen da. Ich nahm all meinen Mut zusammen und riß den Hörer von der Gabel. Es war tatsächlich Bärbel. »Wo bleibst –« Mehr ließ ich sie nicht sagen. »Wir haben die Szene auf, wo Moritz zu Anna von Pisch-Buchtel hinuntersteigt. Er spielt den Schüchternen, obwohl er vorher die Faschingsprinzessin im Schrank versteckt hat. Ja, ich bin schon damit fertig!«

Weiter kam ich nicht. Der Schüchterne hatte mit einem einzigen Ruck das Telefonkabel aus der Wand gefetzt. »Dorthin!« fauchte er und deutete auf einen Stuhl. Als ich nicht gleich ging, gab er mir einen groben Stoß, der mich auf den Sitz

taumeln ließ. Aus seiner Tasche holte er ein breites Heftpfla-
ster, mit dem er mir den Mund zuklebte, und einen Strick,
mit dem er mir die Arme fest hinter der Stuhllehne zusam-
menband. Ich zitterte am ganzen Körper, und ich wimmerte
vor Angst.

So, wie ich auf dem Stuhl saß, mit dem Gesicht zur Wand,
konnte ich den Schüchternen nicht mehr sehen. Ich hörte nur
seine Schritte, viel eiliger als vorher – und dann, mit einem
Mal, war alles still. Er mußte gegangen sein.

Langsam wurde ich ruhiger, und auch das Zittern hörte auf.
Ich versuchte ohne Erfolg, die Armfesseln zu lockern, und es
gelang mir auch nicht, durch heftige Grimassen das Pflaster
vom Mund zu bekommen. Ich konnte gar nichts tun, außer
dasitzen und warten. Ob Bärbel meine Nachricht verstanden
hatte? Der Hinweis »Schüchtern« und »Faschingsprinzessin
im Schrank« mußte sie doch stutzig gemacht haben, oder
nicht? Vielleicht hatte ich in meiner Aufregung so schnell
und undeutlich gesprochen, daß sie die Hälfte gar nicht verstanden hatte? Aber aus dem, was sie gehört hatte, mußte sie
doch begriffen haben, daß bei mir etwas nicht stimmte.
Moritz und Anna von Pisch-Buchtel – das war doch eindeutig! Sicher hatte sie gleich noch einmal bei uns anzurufen
versucht. Aber ich war nicht mehr zu erreichen. Was geschah
eigentlich, wenn die Telefonschnur herausgerissen wurde,
hörte der Anrufer dann das Besetztzeichen? Oder das Freizei-
chen? Oder gar nichts? Was würde Bärbel tun? Herkommen
und an der Tür läuten? Ich konnte ihr weder etwas zurufen,
noch die Tür aufmachen! Würde sie durch den Garten zur
Terrassentür gehen? Kaum, warum sollte sie? Und daß sie zur
Polizei gehen würde, das war noch unvorstellbarer, denn,
was hätte sie dort sagen sollen? Aber selbst wenn, bis die
Beamten alles verstanden hätten, was mit Alicia von Pisch-
Buchtel und Moritz, mit Bärbels Sommergastbeschreibung

und dem Schüchternen, mit Herrn Silberbergs Lager und dem angeblichen Faschingsschmuck zusammenhing, würde es Mitternacht werden.

Es blieb mir nichts anderes übrig, als mich in Geduld zu fassen und darauf zu hoffen, daß Muttis Versammlung nicht allzulange dauern würde. Mir fiel wieder ein, daß Vati sie abholen sollte und daß Mutti ihn drängen würde, mit mir mehr als nur ein ernstes Wort zu reden. »Nicht mehr nötig«, dachte ich bei mir. »Die Sache hat sich aufgeklärt. Mannomann, und wie!«

Beim Nachdenken wurde mir einiges klar. Hatte Bärbel nicht gesagt, daß sich ihr Sommergast oft eins von Silberbergs Fahrrädern auslieh, wenn er zu seinen Naturbeobachtungen aufbrach? Interessante Beobachtungen waren das! *Er* mußte das Rad in der Birkenstraße abgestellt haben, nicht Bärbels Vater. Herr Silberberg mußte wirklich ganz harmlos auf seiner Streß-Couch im Werkstattschuppen gelegen haben. Nein, ich hatte nicht dazu beigetragen, daß man Bärbels Vater als Einbrecher festnehmen würde, im Gegenteil, ich hatte den wahren Schuldigen erkannt. Seine Strumpfmaske hatte ihm nichts genützt. Nicht als Verräterin würde ich in Bärbels Augen dastehen, sondern eher als gewitzte, clevere Detektivin. Alles würde wieder so sein wie zuvor. Unsere Freundschaft würde keinen Bruch bekommen.

Ich wartete und wartete. Mir kam es wie eine Ewigkeit vor, und dabei dauerte es nicht einmal zwei Stunden, bis Mutti, Vati und Bärbel hereingestürzt kamen.

Elftes Kapitel
und Ende einer irren Geschichte,
die zwar keinen Anfang,
aber doch einen richtigen Schluß hat

Was in der Zwischenzeit geschehen war, haben mir Mutti und Bärbel, jede aus ihrer Sicht, später oft und oft erzählt.
»Du hattest mir doch versprochen, daß du zwischen zwei und drei kommen würdest, erinnerst du dich?« – Mit diesen Worten begann immer Bärbels Bericht. »Meine Mutter mußte weg, mein Vater lag noch auf seiner Couch im Schuppen, mir war langweilig, und außerdem brannte ich darauf, dir endlich die Faschingsklunker zu zeigen. Deshalb rief ich um zwei bei dir an. Zuerst habe ich gedacht, du spinnst, oder du machst wieder mal einen deiner öden Witze. Aber als ich dann noch ein paarmal anrief und keine Verbindung bekam, wurde die Sache komisch. Deine Stimme war fast am Überkippen gewesen, weißt du? Ich habe mir dann immer wieder vorgesagt, was ich gehört hatte. ›Wir haben die Szene auf, wo Moritz zu Anna von Pisch-Buchtel hinuntersteigt. Er spielt den Schüchternen, obwohl er vorher die Faschingsprinzessin im Schrank versteckt hat . . .‹ Als du sagtest, daß du damit schon fertig bist, wußte ich natürlich, daß du nicht frei sprechen konntest. Aber was sollte das mit Moritz und Anna? Mir ist schon aufgegangen, daß Alicia in dieser Szene in großer Gefahr ist, und da du statt Alicia Anna gesagt hattest, sollte es wohl bedeuten, daß du auch in Schwierigkeiten bist. Aber in welchen? Und wie paßte Schüchtern da hinein? Meintest du wirklich unseren Sommergast? Das mit der Faschingsprinzessin habe ich leider nicht kapiert. Zuerst habe ich mich gewun-

dert, habe überlegt und gewartet. Und dann bin ich zu dieser Versammlung gefahren, weil ich dachte, daß du vielleicht doch mitgegangen wärst oder daß ich wenigstens deine Mutter fragen könnte, was mit dir los ist.«

Mutti erzählte mir, daß fast der ganze Hausfrauenclub zur Versammlung gekommen sei. Der Saal war randvoll. Sie mußte am Eingang pausenlos Hände schütteln. Viele Frauen sagten ihr, daß sie eine Kandidatin sei, die den Ehrentitel voll und ganz verdient habe, und wünschten ihr Erfolg.

Frau Wiensberg hielt ihre Rede genau in dem Stil, den Mutti sich vorgestellt hatte. Sie war ruhig, lässig, sprach langsam und mit der richtigen Betonung. »Ihre Hände lagen ganz locker irgendwo auf dem Pult, sie waren nicht um das Manuskript gekrampft«, erinnerte sich Mutti, die auf diese Dinge geachtet hatte, soweit es ihre Nervosität zuließ.

Frau Wiensberg stand noch hinter dem Rednerpult auf der Bühne, als Bärbel in den Saal trat. Und während Bärbel mutig an den Stuhlreihen entlang bis ganz nach vorne ging, weil sie dachte, daß ich vielleicht neben meiner Mutter in der ersten Reihe sitzen würde, kam Frau Wiensberg zu den letzten Sätzen ihrer Rede.

»Ich habe großen Respekt vor Frauen, die mit Bewußtsein Hausfrauen sind. Die ihre Arbeit als verantwortungsvolle Aufgabe gegenüber unserer Gesellschaft, unserem Staat und unserer Volkswirtschaft begreifen. Diese Frauen haben einen Beruf, den man gar nicht hoch genug einschätzen kann und der seinen Lohn in sich trägt. Freilich, nicht alle Frauen sind dafür geschaffen. Aber wer nicht nur Hausfrau sein will oder kann, hat heute hundert Möglichkeiten, auch auf anderem Gebiet einen sinnvollen und nützlichen Beitrag zu leisten. Im sozialen Bereich vielleicht, in der Jugendarbeit, oder auf dem Gebiet von Kunst und Kultur, so, wie ich es mit meinen schwachen Kräften versuche . . .«

Mutti saß in der Mitte der ersten Reihe. Ihr Gesicht wirkte fahl. Sie sah unkonzentriert und fahrig aus, zupfte am Kleid herum und zerknitterte ihr Manuskript. Bärbel sah, wie Frau Loschick und Frau Metzler, die rechts und links von ihr saßen, ihr ständig etwas zuflüsterten, und sie sah auch, daß Mutti, als sie aufstand und zum Rednerpult ging, wie geistesabwesend etwas von ihrer linken Manschette abzupfte und in den Mund steckte.

»Frau Bausch«, sagte Bärbel drängend, als Mutti an ihr vorbeiging, »ist Johanna da? Was ist mir ihr?« Aber Mutti schien sie nicht zu sehen und nicht zu hören. Wie in Trance ging sie aufs Podium, stellte sich ans Rednerpult und blickte mit glasigen Augen an die Rückwand des Saales. Frau Loschick und Frau Metzler hatten sie bis zur Bühnentreppe begleitet und blieben tuschelnd an der Seite stehen. Bärbel, die nicht wußte, was sie tun sollte, aber immer noch mit Mutti reden wollte, nahm sich ein Herz und setzte sich auf Muttis freigewordenen Stuhl. Nun saß sie ihr genau gegenüber.

»Meine sehr geehrten Damen«, begann Mutti mit spröder Stimme, »ich möchte Ihnen zum Thema ›Hausfrau heute und morgen‹ ein paar Gedanken vortragen. Welche Arbeiten eine Hausfrau zu verrichten hat, meine Damen, das wissen Sie alle selbst, das brauche ich Ihnen nicht zu erzählen. Aber egal, ob eine Hausfrau ihre Tätigkeit als verantwortungsbewußte Aufgabe gegenüber Familie, Gesellschaft, Staat und Volkswirtschaft versteht oder nicht, wie meine geschätzte Vorrednerin meinte, unter dem Strich läuft es auf dasselbe hinaus. Eine Hausfrau hat zwar Pflichten, aber Rechte hat sie nicht. Hausfrau sei ein Beruf, den man gar nicht hoch genug einschätzen könne, sagte meine Vorrednerin. Da muß ich ihr beipflichten. Aber ist es dann richtig, daß die Berufstätige im Haus, anders als die Berufstätige außer Haus, keinen Anspruch auf Lohn oder Gehalt hat? Wieso bekommt sie weder Urlaubsgeld noch Krankengeld? Warum hat sie kein Recht auf Überstundenvergütung und nur selten die Möglichkeit beruflicher Weiterbildung? Kaum ein anderer Beruf ist so vielseitig wie der einer Hausfrau. Er reicht vom Fensterputzen bis zur Gartenarbeit und vom Marmeladenkochen bis zur Hausaufgabenhilfe. Und trotzdem soll dieser Beruf noch immer keine äußere Anerkennung erfahren, sondern nach wie vor seinen Lohn in sich selbst haben? Wer heute noch so denkt, oder es sogar sagt, meine Damen, der ist entweder ein Mann, oder aber noch nie Hausfrau gewesen!«

Im Saal hörte man leises Lachen und zustimmendes Raunen. Frau Wiensberg strengte sich an, ihren Ärger nicht merken zu lassen, und Frau Loschick und Frau Metzler, die längst mit ihrem Getuschel aufgehört hatten, blickten jetzt eher erleichtert zum Rednerpult hinüber.

»Wir stehen zwischen der Generation unserer Mütter und der unserer Töchter«, fuhr Mutti mit immer noch tonloser Stimme fort. »Zu den Erfahrungen und Kenntnissen unserer Mütter haben wir eigene dazugewonnen. Vieles, was für uns heute selbstverständlich ist, hätten sich unsere Mütter noch nicht vorstellen können. Damit meine ich nicht nur, daß wir heute eine Waschmaschine haben anstelle eines Waschtrogs oder einen Wäschetrockner anstelle einer Wäscheleine. Wir sind auch selbständiger und selbstbewußter geworden. Freilich haben wir noch nicht erreicht, was für eine berufstätige Frau selbstverständlich ist, und noch lange nicht alle von uns haben darüber einmal nachgedacht. Aber selbst wenn wir es für unsere Generation nicht mehr ändern können, so können wir doch etwas dafür tun, daß es in Zukunft anders wird. Wir sollten nicht nur Kenntnisse und Erfahrungen an unsere Töchter weitergeben, sondern sie auch zu so selbständigen, kritischen und lebenstüchtigen Frauen erziehen, daß sie für sich, die Frauen und Hausfrauen die Anerkennung erreichen, die uns vielleicht versagt bleibt. Denn die Zukunft, die Frauen von morgen, meine Damen, das sind unsere Töchter!« Die Frauen im Saal klatschten begeistert, und eine rief sogar laut »Bravo!« Bärbel bemerkte, daß sich Muttis Gesicht wie unter einem plötzlich auftretenden, heftigen Schmerz verzog. Sie griff sich an die Stirn, schwankte, und die Blätter ihrer Rede segelten zu Boden. Bärbel, die vor ihr saß, sprang hoch, hob sie auf und hielt sie Mutti hin. Doch Mutti schien weder die Blätter, noch Bärbel zu sehen. Sie krallte sich am Pult fest, blickte unverändert an die Wand und sprach ohne Manuskript.

»Was wollte ich sagen? Ach so, ja, die Töchter! Sehen Sie, ein Hausfrauenleben dauert vielleicht vom zwanzigsten bis zum siebzigsten Jahr. Fünf Jahrzehnte! Zeit genug, um Fehler zu verbessern, was man beispielsweise tun muß, damit der Kuchen nicht zu braun wird, oder ein Wäschestück nicht einläuft, Zeit genug, um sich all die Kenntnisse und Fähigkeiten anzueignen, die eine perfekte Hausfrau ausmachen. Ein ganzes Leben lang kann man dazu lernen. Aber die Jahre mit einer Tochter sind kurz, und sie werden immer kürzer, je älter sie wird. Diejenigen unter Ihnen, die eine große Tochter haben, werden wissen, was ich meine. Und all diejenigen, deren Tochter noch klein ist, sollten sich dessen bewußt werden. Es sind nur ein paar Jahre, in denen sie uns als Mütter wirklich brauchen. Fehler, die wir in diesen Jahren machen, wiegen schwerer als ein verbrannter Kuchen, und manchmal werden diese Fehler nicht mehr auszubessern sein. Um zu lernen, wie man einem Kind eine gute Mutter wird, dazu hat man nicht ein Leben lang Zeit.«

Mutti hielt einen Augenblick lang inne. Im Saal wurde Räuspern hörbar, und mehrere Zuhörerinnen griffen gerührt nach ihrem Taschentuch.

»Ich habe auch eine Tochter, ich weiß, wovon ich rede. Ich

dachte, daß ich alles für sie getan hätte. Ich habe für sie gesorgt, wie es sein muß, sie so erzogen, wie ich es für richtig halte, wir haben ihr jeden vernünftigen Wunsch erfüllt und ihr viel Freiheit gelassen. Wir haben ihr beigebracht, was gut und was böse ist – wir haben es zumindest versucht. Heute weiß ich, daß das zu wenig war. Viel zu wenig. Ich hätte weit mehr auf sie eingehen müssen. Auf ihre Vorstellungen, ihre Gedanken und Probleme. Ich hätte öfters mit ihr reden und ihr besser zuhören sollen, anstatt ihr meine festgefügte Meinung und mein unbeirrbares Urteil entgegenzuhalten. Das war mein Fehler, denn jetzt – jetzt verstehe ich sie einfach nicht mehr, wissen Sie? Ich weiß nicht mehr, was in ihr vorgeht . . .«

Mutti wurde nun ebenfalls von ihrem Gefühl und von ihrer Verzweiflung überwältigt. Als sie sich die Augen wischen wollte, stieß sie das Wasserglas vom Rednerpult. Wieder sprang Bärbel auf, und diesmal wurde sie von Mutti, die sich ebenfalls nach dem Glas gebückt hatte, gesehen. Mutti blickte sie an. Direkt.

»Was? Was ist?« murmelte Mutti verstört. »Zuhause natürlich. Das kann ich dir jetzt nicht sagen. Wieso? Wer? Euer Sommergast? Unsinn! Nein! Du glaubst, daß er bei uns –? Was sagst du?«

»Ich – ich habe doch überhaupt nichts gesagt«, stotterte Bärbel. »Nichts gesagt?« wiederholte Mutti ungläubig, »du erzählst mir doch die ganze Zeit – mein Gott, du sagst wirklich nichts! Gedankenlesen? Anna? Johanna konnte es auch? Was ist nur mit mir los?«

Frau Loschick und Frau Metzler hatten sich aufgerafft und waren zum Pult geeilt. Frau Loschick legte Mutti beruhigend die Hand auf die Schulter. »Fühlen Sie sich nicht wohl, Frau Bausch? Kommen Sie, kommen Sie herunter. Das wird gleich wieder besser. Ach, nehmen Sie das Ganze nicht so wichtig!«

Mutti sah die beiden an, und ihr Blick wurde immer starrer. Da sie sich wieder aufgerichtet hatte und dicht beim Mikrophon stand, hörte es der ganze Saal: »Ich habe soeben gehört, daß meine Tochter möglicherweise in – in – in einen Unfall verwickelt ist ... verstehen Sie bitte, daß ich deshalb nicht ...«

In das anteilnehmende Gemurmel der Zuhörer mischten sich Händeklatschen und Rufe wie »Was ist denn eigentlich passiert?« – »Was für ein Unfall?« – »Wo?« Frau Loschick, Frau Metzler und Frau Kriechbaum führten Mutti behutsam von der Bühne herunter zum Ausgang, und Bärbel war dicht hinter ihnen. Mutti wandte sich ihren Begleiterinnen abwechselnd zu. »Nein, Frau Loschick, Unfall ist nicht ganz das richtige Wort, aber dennoch ...«

»Keine Sorge, Frau Kriechbaum, ich habe nicht durchgedreht. Ich glaube auch nicht, daß ich spinne. Ich bitte Sie, mir fehlt nichts!« – »Daß dieses Kleid Ihrer Meinung nach für mich zu jugendlich ist, hätten Sie mir eigentlich früher sagen können, Frau Metzler. So, scheußlich finden Sie es? Das ist jetzt auch egal. Bärbel, komm!«

Frau Losckick, Frau Kriechbaum und Frau Metzler blieben nacheinander stehen, fassungslos und reglos. »Schwer geschockt«, wie Bärbel später berichtete. An der Tür kam ihnen Vati entgegen. »Nein, nein«, rief Mutti, noch bevor er etwas gesagt hatte, »es hat nichts mit der Rede zu tun. Es geht um Johanna. Schnell, schnell, wir müssen heim! Ich weiß auch nichts Genaues, aber Bärbel meint, daß – komm, bitte, bitte, komm doch!«

Ich hätte schreien können, als ich endlich, endlich den Schlüssel in der Tür hörte. Mutti schrie, Bärbel schrie, wir schrien und weinten zusammen, nachdem mir Vati vorsichtig den Heftpflasterstreifen abgelöst und mich losgebunden hatte.

»Bist du verletzt« – »was ist passiert« – »wieso ist das Telefon kaputt« – »ist dir auch wirklich nichts geschehen« – »wer war das« – »ruf doch endlich die Polizei an« – »fehlt dir auch nichts« riefen sie dazwischen und durcheinander, nahmen mich in die Arme, streichelten mich und küßten mich.

»Der Einbrecher – der Einbrecher!« stammelte ich. »Es muß derselbe wie bei Frau Schneider . . . aber seine Strumpfmaske hat ihm nichts genützt . . . die hätte er sich besser über die Füße ziehen sollen . . . Tante Luises Vase hat er an die Wand geschmissen . . . wie damals der Moritz Alicias Wasserkrug . . . und als Bärbel anrief . . .«

Es mußte sich alles ziemlich wirr angehört haben. Aber dann zog mich Mutti neben sich auf die Couch. Sie legte ihren Arm um mich, drückte mich, herzte mich, in dem Augenblick war sie eben doch eine Schmusemutter, und danach ging das mit dem Erzählen viel leichter.

Es dauerte nur ein paar Sätze, bis mir Bärbel zu Hilfe kam. Wir redeten fast ununterbrochen, und Vatis Augen wurden größer und größer.

»Hast du das gewußt?« murmelte er mehrmals und sah Mutter dabei fragend an. Wir erzählten von Alicia, Friedrich und Moritz, davon, daß Bärbel Schriftstellerin werden wollte, von ihrem Studio und von der Beschreibung des Sommergastes. Als wir unseren Geheimcode beim Telefonieren erklärten, drückte mich Mutti besonders fest. Und dann mußte ich natürlich auch davon erzählen, daß Bärbel früher schon mal einen »Schatz« im Lager gefunden hatte, ich berichtete von dem bewußten Fahrrad, von meinem Aufkleber – und Muttis Kopf sank immer tiefer. »Bärbel«, sagte ich, »du mußt mir verzeihen, aber als ich das Rad in der Birkenstraße gesehen hatte und am Tag drauf Frau Schneiders Anhänger um deinen Hals erkannte, da – da –«

Bärbel war erst eine Zeitlang stumm. Aber dann nickte sie.

»Wahrscheinlich hätte ich an deiner Stelle das gleiche gedacht«, sagte sie leise.

Ich war unheimlich froh und erleichtert. Und ich wurde sogar
noch froher, als ich sah, daß Mutti jetzt auch Bärbel in den
Arm nahm.

Und Vati lief jetzt endlich zu unseren Nachbarn, um die
Polizei anzurufen.

»Augenblick«, sagte Mutti plötzlich, »seid bitte mal still!« Sie
sah Bärbel und mich bohrend an, dann seufzte sie und schloß
erschöpft die Augen. »Jetzt ist es weg«, meinte sie aufat-
mend. »Gott sei Dank, es ist wieder weg!«

»Was denn? Was hast du denn?« fragte ich.

»Ich konnte – nein, du wirst es nicht glauben, niemand
würde es für möglich halten, aber ich konnte tatsächlich –
ach, nein!«

»Deine Mutter konnte gedankenlesen«, sagte Bärbel.

»Was? Du? Wieso? Hast du etwa –? Dann hast du also das
zweite Korn gefunden?«

»Was für ein Korn? Wovon redest du?«

»Vom zweiten Korn der Alicia, von ihrem Geheimnis! In meinem Schreibschrank ist ein Geheimfach eingebaut, ich habe
es entdeckt, und darin lagen die beiden Körner!«

Mutti zuckte hilflos die Schultern. »Was ist denn das für eine
Geschichte? Ich verstehe überhaupt nichts mehr!«

»Jetzt weiß ich aber immer noch nicht . . . ich meine, bei mir
war es so, daß es ungefähr zehn Minuten gedauert hat, nachdem ich das Korn zerbissen hatte. Und wie war es bei dir?
Wann hast du das Korn zerbissen? Hattest du denn keine
Angst?«

»Ich habe kein Korn zerbissen!«

»Doch, doch«, rief Bärbel, »jetzt fällt es mir wieder ein, ich
habe es selbst gesehen! Frau Bausch, als Sie aufstanden und
zum Rednerpult gingen, haben Sie irgend etwas von Ihrer

Manschette abgezupft und in den Mund gesteckt. Das muß das zweite Korn gewesen sein!«

»Von der Manschette?« wiederholte ich verblüfft. Aber dann war es klar. »Natürlich! Am letzten Montag, als ich das Geheimfach fand, hattest du dieses Kleid ja auch an. Als der Vorstand bei uns war, erinnerst du dich? Du bist in mein Zimmer gekommen, hast dich gebückt, um die Kümmeldose aufzuheben, und dabei muß das Korn an deiner Manschette hängengeblieben sein. Es hatte kleine Widerhäkchen. So muß es gewesen sein!«

Mutti sah mich noch immer recht verständnislos an. »Am letzten Montag? Da konntest du gedankenlesen? Da hattest du doch diesen Migräneanfall! Das waren gar keine Kopf-schmerzen, nicht wahr?«

»Nein, nicht direkt, aber es war alles so schrecklich . . .«

Mutti strich mir zärtlich übers Haar. »Und du hast nichts gesagt! Mein Gott, Johanna, warum hast du uns das nicht gesagt?«

Ich brauchte darauf nicht zu antworten, wenigstens im Moment nicht, denn Vati kam zurück, und kurz nach ihm kam auch die Polizei. Ich mußte noch einmal alles erzählen, oder besser gesagt, fast alles. Von Alicias Zauberkörnern sagte ich nichts. Diese Seite der Geschichte sparte ich aus, denn die hatte mit der Einbrechersache nichts zu tun, eher schon mit Mutti und mir.

Am Abend hatten sie den Schüchternen gefaßt. Bärbels Vater mußte von seiner Streß-Couch aufstehen und den Polizisten erlauben, sein Lager zu durchsuchen. Sie kehrten das Unter-ste zuoberst und fanden tatsächlich noch ein Versteck, in dem der Schüchterne gestohlene Sachen verborgen hatte. Herr Silberberg rief die ganze Zeit: »Vorsicht, Achtung, Sie trampeln mir ja alles kaputt!« Und am Ende meinte er ver-zweifelt: »Das wird Jahre dauern, bis ich das Lager wieder in

Ordnung habe, wie es vorher war.« Garantiert war er nach dem Besuch der Polizei erneut urlaubsreif! Aber mit den gestohlenen Sachen hatte er nicht das Geringste zu tun. Seine einzige Schuld bestand darin, daß er dem Schüchternen erlaubt hatte, seine Fahrräder zu benützen.

Bevor dieser aufregendste Tag meines Lebens zu Ende ging, passierte noch was richtig Verrücktes. Es läutete, und als ich öffnete, stand Mirko vor mir.

»Hallo«, sagte er blinzelnd, »du bist doch die Hannelore, die zu meiner Schwester in die Klasse geht, oder?«

Ich war so überrascht, daß ich wahrscheinlich auch dann genickt hätte, wenn er statt »Johanna« »Eulalia« gesagt hätte.

»Du wolltest doch ein Physikbuch haben. Ich habe dir eins mitgebracht. Hier! Es ist richtig spannend geschrieben. Direkt aufregend. Das Beste, falls du dich mal langweilst. Also dann, viel Spaß. Tschüß!«

Ich schloß die Tür. Zum ersten Mal an diesem Tag konnte ich lachen.

...zum Abenteuern

Katherine Allfrey
Taube unter Falken

Evadne wird von Seeräubern entführt und ge-
langt ins Land der Amazonen. Sie lebt mit ihnen,
lernt reiten, Speerwerfen und mit der Axt zu
kämpfen. Die Freundin Thoössa ist immer an
ihrer Seite. Doch der Gedanke an die Heimkehr
verläßt Evadne nie. Und eines Tages ergibt sich
eine Gelegenheit zur Flucht.

»Eine Abenteuergeschichte ungewöhnlicher Art,
voll Spannung bis zur letzten Seite.«

Rheinische Post

Arena-Taschengeldbücher – Band 1335
Für Jungen und Mädchen ab 12

Arena